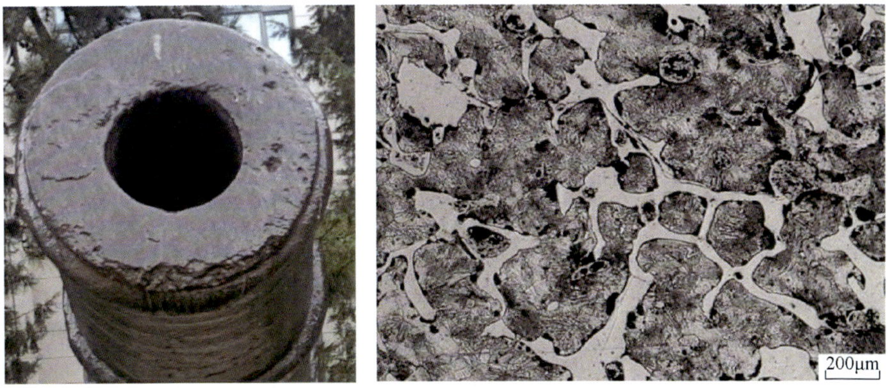

中国人民革命军事博物馆展览清朝红夷铁炮及炮身金相图

南京城墙博物馆展览复合金属炮“振远将军”

中国人民革命军事博物馆展览清朝佛山造铁炮

19 世纪初福建水师自制的冲天炮

中国人民军事博物馆展览龚振麟铁模炮

中国人民革命军事博物馆展览英军加农炮及炮身金相图

清朝“武成永固大将军”
红夷炮

河北山海关长城博物馆
展览清朝抬炮

本书由“河南省高等学校哲学社会科学基础研究重大项目”基金资助

鸦片战争前后中国炮型大观

刘鸿亮 | 著

China's Artilleries around The Opium War

科学出版社
北京

内 容 简 介

本书研究鸦片战争前后中国火炮（尤其复合炮、铁模炮，冲天炮、子母炮、抬炮、购买和仿制的洋炮）、火箭、弹药、炮架等类型，图文并茂，文理方法并用。利用了众多的中西原始文献，考察了国内百余个博物馆、纪念馆等单位，调研了千余门古炮。按照弹道和弹药装填方式的不同，进行类型划分，并对形成“万国牌”的内外因做了辨析。炮型杂乱形不成团属战力，导致军队战术落后。

本书可供国内外科技史、军事技术史等爱好者阅读和参考。

图书在版编目（CIP）数据

鸦片战争前后中国炮型大观 / 刘鸿亮著. —北京：科学出版社，2023.11
ISBN 978-7-03-077096-7

Ⅰ. ①鸦… Ⅱ. ①刘… Ⅲ. ①火炮-军事史-中国-清代 Ⅳ. ①E294.9

中国国家版本馆 CIP 数据核字（2023）第 219778 号

责任编辑：刘红晋　刘巧巧 / 责任校对：韩　杨
责任印制：师艳茹 / 封面设计：有道文化

科学出版社出版
北京东黄城根北街 16 号
邮政编码：100717
http://www.sciencep.com
北京建宏印刷有限公司印刷
科学出版社发行　各地新华书店经销
*
2023 年 11 月第 一 版　开本：720×1000　1/16
2025 年 1 月第三次印刷　印张：14　插页：2
字数：173 000

定价：98.00 元

（如有印装质量问题，我社负责调换）

目　　录

绪　论

社会发展的最终决定力量是生产力，生产工具是其突出代表，生产工具有时先在军事战场上体现出威力，尔后才向民用方面扩散。在坦克和核武器被人类发明和用作兵器之前的很长时间内，火炮是中西方核心的军事技术。其技术和性能在某种程度上是国家尊严的象征，是科技水平和国家综合实力的体现，是政府制定国防战略与政策的前提与物质基础。火炮部队是当时技术含量较高的兵种，其效果在很大程度上取决于炮位的陆海设置、测准技术以及经验。

中国人在隋唐时期正式发明黑火药，直到1300年左右欧洲才把火药作为发射石弹的动力。从此以后，火炮参与战争，赢得了“战争之神”的称号。一般认为火炮起源于12世纪后半叶到14世纪，是利用火药来发射炮弹的大口径武器。现在，在军事上一般将发射管口径小于2厘米的称为枪，而将口径大于2厘米的归为炮。火炮又分炮式和箭式两种。在发明伊始，基于炮体制造与炮弹补给不易等因素，火炮并没有成为战场上的主流武器，尤其是当时的它还有不易移动及一旦设置就无法改变方向的缺点。为了让其移动更为便利，在炮架上加装了车轮；为了方便调整发射角度而发明了炮耳；又因为18世纪工业革命的发展，制造坚固的炮身得以成真。除此之外，人们在炮管内刻上来复线以追求更稳固的弹道，且发明了制退复进机，用以减小炮击时的后坐力造成炮身后退的问题。

一、研究缘起

明清中西火炮实物在中国各类博物馆和古炮台里收藏甚多，不下数万门[①]，但经过鸦片战争、抗日战争的浩劫以及“文化大革命”时期人为的破坏，目前仅剩2000余门。社会大众对其有强烈的认知兴趣，但由于研究薄弱，认知存在混乱，其蕴含的众多军事文化信息被湮没。一些论著涉及对鸦片战争时期西洋火炮的探讨，言及西洋火炮已进入后装线膛阶段，战船技术已过渡至铁壳船阶段，火枪也已进入后装线膛击发阶段。这些问题虽琐碎，但涉及评价19世纪中叶中西军事技术的总体水平，影响对历史进程的深刻认识。

扬弃以往的研究成果，本书重心放在每型火炮的演变上，希望在探讨其历史的情况下，深入理解中西“炮利”与否的问题，供国内外科学技术史、军事技术史、兵器史、火器史等爱好者阅读和参考。再则，笔者希望本书能成为收藏中西火炮实物的博物馆或古炮台的参考书，对文物的征集、研究起到作用。

在核武器得到发展以前，兵器的杀伤力曾有过三次大幅度的提高，这使得军事战术和编制发生了巨大的变化。在人类军事史上，出现过六种重要的军事体制，兵器与战术配合得十分协调。这些体制是：约公元前340年马其顿的亚历山大大帝的军事体制，约公元前200年古罗马的军事体制，约1200年成吉思汗的军事体制，约1350年英国的军事体制，约1800年法国拿破仑的军事体制，约1940年德国闪电战的军事体制。[②]这几种军事体制的出现，除了军事天才和其他一些历史性事件的影响外，成吉思汗的军事体制、英国的军事体制、法国拿破仑的军事体制都与火炮技术密不可分。

---

① 陈锋. 清代军费研究. 2版. 武汉大学出版社，2013.

② 杜普伊. 武器和战争的演变. 李志兴，严瑞池，王建华，等译. 北京：军事科学出版社，1985.

早在16世纪初葡萄牙人到中国东南沿海时，国人就已对其舰船规模和炮火威力给予了特别关注。荷兰人到来后，其炮舰优势更甚于葡萄牙，明末中国对欧洲军事形成了“坚舟猛铳”等类同于“船坚炮利”的印象。除此之外，来华耶稣会士对欧洲武备的介绍又在很大程度上强化了国人的此种印象，使得国人对于荷、西、葡、意等国“船坚炮利”的个体印象上升扩展为对于整个欧洲“船坚炮利”的整体印象。[①]

清前期相对强大的综合国力、较为平静的东南海上形势以及东来欧洲势力的收敛顺从，使得人们虽关注西方世界的坚船利炮，但已不如晚明那样强烈。到了嘉庆、道光时期，鸦片贸易导致中英关系紧张，对于西方世界的此类印象才在新的历史条件下再次凸显。至鸦片战争前后，清朝朝廷以及民间人物不乏在奏章或私家著述中谈到英军“船坚炮利”者。[②]如林则徐说：“彼之长技在于大炮、火箭二项。”

至英法联军侵华，国人对西洋“船坚炮利”的印象不断加深。“制贼与防夷”是当时中国沿海水师海防的中心任务。各国当中，英国的侵略性更强，英国从乾隆年间开始，特别到嘉、道时期，常派护货兵船、武装商船和武装走私船骚扰清朝江海，不时挑战清廷权威，危及中国的主权和领土完整，成为困扰清廷上下的一大难题，故清人对英国的印象尤为不好。[③]

上述“船坚炮利”与否的问题，中西陆海火炮类型是否“画一”（划一）也是其中一个很重要的因素，如果不同，将会影响士兵掌握的熟练度、火炮的射速乃至杀伤效果。除了炮管之外，弹药和炮架的划一问题自然也包含在内。

---

① 庞乃明.“船坚炮利”：一个明代已有的欧洲印象. 史学月刊，2016（2）：51-65.

② 王尔敏. 清季兵工业的兴起. 桂林：广西师范大学出版社，2009.

③ 张建雄. 清代前期广东海防体制研究. 广州：广东人民出版社，2012.

划一当时又称“一律”，是指各省一律协调购买同一外国厂商的武器或相近的武器；也指引进或仿造枪炮的技术标准（特别是口径）划一，甚至形成“制式”火器，则既有助于武器的引进、配发、补给和维修，也有利于训练和实战。①

世界上真正意义上的火炮出现于中国元代，到19世纪中期的数百年时间里，前装滑膛炮流行。我国元、明两朝多把金属管形火器称为“铳”，清代才普遍有了枪炮之名。这种名称上的变化，在某种意义上反映着金属管形火器的形制、性能演变发展的历史。

起初的金属管形火器没有枪炮之分，都是以火药之力发射子弹。随着时间的推移，它逐渐向小型和大型两个方向演化，为了区分，才有了枪炮之名。而枪炮之名又是对冷兵器的借用，“枪”原本是一种长柄而一端有尖形的击刺兵器，可以在较远距离进行攻击，在这方面作为火器的枪与它颇有相似之处。“火炮”是在古代“抛石机”的基础上发展为火药武器，演变为筒形金属物。②

所谓“前装滑膛炮”，是把弹药从炮口装填，膛壁不刻制膛线。火药气体不易泄漏，但从炮口装填弹药是困难的，因为火药是粉状物质，易于粘在膛壁上。滑膛炮的主要缺点是后坐力大、射速慢、射击精度低，而且球形弹丸一定要能够顺畅地从炮口放进去才行，这样一来，弹丸和炮膛内壁之间就有了间隙。发射时，气体很容易从间隙中漏出来。故装填时炮弹常需紧裹棉布，密封炮膛，以保证燃气不外泄。球形弹丸在空中飞行的速度下降得很快，故射程不远。前装滑膛武器在数百米的射程内射击精度较高。

约1850年，欧洲步兵开始在膛线步枪上使用底部带有沟痕的软铅子弹。其有效射程很远，能够达到550米以上。这样可以

① 孙烈. 中国武器制式体系的建立与发展（1864—1955）. 工程研究，2016（3）：297-306.

② 潘向明. 鸦片战争前的中西火炮技术比较研究. 清史研究，1993（3）：95-104.

在相对安全的地域打击敌方。①

清朝对民间火器在严厉禁止和适当限制之间摇摆，其主旨都是为了维护清朝的统治秩序。清朝禁止或限制民间武器的法律，实际上并未完全贯彻。②本书所谈主要是官方火炮，至于民间火炮，尽管数量庞大，但其门类和技术与官方相比应有一定的滞后性，故暂不涉及。

二、国内外研究动态

探讨13～19世纪中国火炮发展的史料众多，研究硕果累累。

《明史》以编纂得体、材料翔实、行文简洁被称道。其中有众多中国火炮发展的史料。宋应星的《天工开物》是一部综合性的科技著作，被西方称为“技术的百科全书”，对中国枪炮等种类的发展有一定的记载。

明朝焦勖撰写了描述西洋大炮的权威书籍之一《火攻挈要》。他从西洋耶稣会士汤若望那里学习西方火器，并对当时中西火器的优劣做了比较。孙元化的《西法神机》中有众多中国火器种类的论述。何汝宾直接或间接参考了西班牙工程师路易斯·科拉多的《实用炮兵手册》。何汝宾曾负责围剿东南沿海的海寇，并督造“楼舡、甲胄、干戈之属”，此一职务令其对居于澳门的葡萄牙人及他们所使用的火器有所接触和认识。当海寇李芝奇侵扰广东时，澳门当局同意出借大铳给广东守军，而其时何汝宾正驻守广东。其著作《兵录》中有“西洋火攻神器说”，介绍各种西洋火炮的形制尺寸、弹药用量、铸造技术和弹道射程等事，其中亦绘有数幅铳规的使用图。

当时传入中国的西洋操炮技术尚能与西洋同步，继汤若望之

① 哈伯斯塔特. 陆战之神——火炮. 李小明，杨志斌译. 北京：中国市场出版社，2010.

② 邱捷. 清朝前中期的民间火器. 社会科学研究，2012（2）：164-172.

后，西方传教士南怀仁也为中国造炮，他在1683年编成了著作《穷理学》，代表了此时期至19世纪传华的弹道知识的较高水平，不过其传播范围未出宫廷，因此始终未被国人广泛掌握。

清人在康熙朝以后很长的一段时间，对火炮知识的了解不进反退。鸦片战争中国的战败，引发了清人自明末以来又一波火炮书籍的出版高潮。①

《演炮图说》是机械工程家丁拱辰游历海外多方咨访的记录，是清人撰写的火炮专书的巅峰之作，也是明末红夷炮（红衣炮）传华以来在中国出版的前装滑膛炮的力作。鸦片战争爆发之后，在爱国志士潘仕成的支持下，丁拱辰着手研制大炮。因邓廷桢的推荐而得到了广东当局的“许可褒嘉”。他自费刊印《演炮图说》，又将《演炮图说》修订成《演炮图说辑要》，全书分四卷50篇，插图100多幅，说明并绘图显示中西各种炮式及辅助工具、炮弹、炮架的制法和运用。该书还收录了火器家龚振麟的《铸炮铁模图说》内容。太平天国运动爆发后，他应钦差大臣赛尚阿之聘，同胞侄丁金安到广西桂林，与丁守存等人共同督造火炮。他总结新的经验，写出《演炮图说后编》和《增补则克录》两部著作。丁拱辰还与人合作设计出火轮船方案，并制造出模型，为后续徐寿等人的战船设计和研发奠定了一定基础。洋务运动兴起后，丁拱辰编著了12万字的《西洋军火图编》，系统论述了西式武器的设计、制造和使用的方法。

丁的著作内容主要包括：各种西式火炮、轮船、弹药的仿制、设计、铸造的方法与应用；炮位的设计和安置方法；准确测量各种火炮演放远近高低的方法；各种火炮类型、使用的说明；火炮附加的滑车、炮架的设计和使用方法；面对不同自然环境，炮台、炮位依势而变的设计、制造和使用；演放火炮时的各种注意事项。他的

① 黄一农. 红夷大炮与明清战争. 成都：四川人民出版社，2022.

著作采用大量图标、图表等图示配合文字加以说明，图文并茂。[①]这反映了他从仿制设计到创新设计、从经验设计到科学设计的突破和转变，也在多个层面体现了其设计的系统性。

《海国图志》是中国近代以来第一部全面地描述“天朝”之外的世界史著作，有诸多新思想的闪烁，也有旧观念的罗列。在当时国内印刷仅千册，但在异乡日本却备受关注，成为其推动现代化运动的一大思想资源。1841 年士人魏源在江苏镇江受林则徐嘱托，据《四洲志》译稿及中外文献资料，着手写作。《海国图志》介绍世界各国历史、地理、政治情况及科技、造船、制械、练兵之法。该书收录大量中西火炮方面的记载，如龚振麟的《铸炮铁模图说》、丁拱辰的《铸造洋炮图说》、汪仲洋的《铸炮说》、黄冕的《炸弹飞炮轻炮说》等。

同时期的侵华西人对中国战船、火炮记载甚多，其身份有侵略军司令、医生、翻译官、外交官、随军牧师、士兵、记者等，记载的史实较为可信。但他们多非军事技术行家，对具体的中西战船、火炮技术的探讨非常笼统。

关于中国火炮类型的记载，如“圆明园劫难记忆译丛”，转译了侵华英法联军的参战日记，以大量原始资料弥补了我国相关记载的缺憾。

关于对中国元明两朝传统火炮和西洋佛郎机炮的研究，如成东《明代后期有铭火炮概述》[②]；徐新照认为以往的研究者多以兵器史发展为主线，对兵器文献深入讨论则较少，诸如兵器制作、发射火药与多成分火药配方工艺思想几无涉及。[③]

周维强《佛郎机铳在中国》是了解近 500 年中国军事武力兴衰

① 占炜，李朔. 丁拱辰设计思想探析. 艺术百家，2015（3）：212-214.

② 成东. 明代后期有铭火炮概述. 文物，1993（4）：79-86.

③ 徐新照. 中国兵器科学思想探索. 北京：军事谊文出版社，2003.

和研究东亚战争形态的门径，其重要性自不待言。①王兆春《中国火器史》《世界火器史》《中国古代军事工程技术史（宋元明清）》等着力国内外火器综合研究，利用史料和实地调研的方法对东西方火炮技术（如设计理论、制造技术、火炮射程）和中国火器盛衰原因做了研究。②

刘旭《中国古代火炮史》《中国古代火药火器史》探讨了中国各类火药、火器的产生时间、研制工艺、使用状况、理论著述，以及火药火器技术的西传、东渐和兴盛衰落等重大问题。③胡建中撰文众多，对清朝火炮的种类、弹药、盛衰原因等做了介绍。④

国内对大航海时代中西火炮进行系统分析首推科技史家黄一农，他的大篇幅论文以及图文并茂的风格都让笔者大开眼界，诸多论文都是本书的重要参考资料之一。⑤其论文最终在《红夷炮与明清战争》中得以集中体现，对中西火炮的来龙去脉、发展演变、制造技术和实战表现、历史作用、中西弹道学知识等探讨甚详。

尹晓冬《16—17世纪西方火器技术向中国的转移》对16世纪以来中西火炮的发展演变、制造技术以及西洋弹道学知识在中国的传播概况做了详细研究。发现中国弹道知识产生虽早，但弓弩上的望山装置始终未移植于火炮上，至19世纪中叶，清人的弹道学知识都没有超过17世纪时期国人的理解水平。⑥

兴河《天朝师夷录——中国近代对世界军事技术的引进

---

① 周维强. 佛郎机铳在中国. 北京：社会科学文献出版社，2013.

② 王兆春. 中国火器史. 北京：军事科学出版社，1991；王兆春. 世界火器史. 北京：军事科学出版社，2007；王兆春. 中国古代军事工程技术史（宋元明清）. 太原：山西教育出版社，2007.

③ 刘旭. 中国古代火炮史. 上海：上海人民出版社，1989；刘旭. 中国古代火药火器史. 郑州：大象出版社，2004.

④ 胡建中. 清代火炮. 故宫博物院院刊，1986（2）：49-57；胡建中. 中国清代皇家兵器特色. 紫禁城，2007（11）：32-113；胡建中. 清代皇家武备（之八）择牡寓除暴，发机即中膏——鸟枪（二）. 紫禁城，2012（12）：38-45.

⑤ 黄一农. 两头蛇：明末清初的第一代天主教徒. 上海：上海古籍出版社，2006.

⑥ 尹晓冬. 16—17世纪西方火器技术向中国的转移. 济南：山东教育出版社，2014.

（1840—1860）》扩大研究范围，全景式地展现中国与外国、中央与地方、官方与民间、清军与起义军等各方的活动，以及它们之间的交流、摩擦、碰撞与争斗、成功与失败、经验与教训，揭露了许多鲜为人知的史实，展现了这一时期中国在军事技术引进方面的种种曲折与艰辛。[①]兴河认为英国在侵华的鸦片战争中以少胜多，清朝开始看到“船坚炮利”是制胜之道，开眼看世界的国人懂得必须“师夷长技”。在英法联军侵华之役（又称第二次鸦片战争）中仍然惨败的原因，是清朝上下引进、学习近代军事化的心不够坚定，力度太小；而19世纪40～60年代恰恰是西方列强军事工业发生革命性飞跃的时期。相比之下，中国武器装备的落后程度更为明显。

综上，以往国内外学者从中西文献的角度对16～19世纪中西火炮进行研究，成果丰硕。美中不足在于缺乏微观探析以及交叉学科的辅助，这不利于对其正确认知。从社会史角度探讨，技术因素需要加强，否则缺乏根基；从技术史角度探讨，技术与社会相结合的研究需要跟进，否则使人知其然而不知其所以然。

三、研究的目的、重点、难点及创新之处

整合文献与文物，以鸦片战争前后中国火炮类型研究为个案，详论其类型演变的过程，最终使国人对近代中国“船不坚与炮不利”与西洋“船坚炮利”——是什么、怎么样、为什么的理解逐渐深入。最终尝试理出鸦片战争前后中国火炮类型的“文化传记”，并探索其对近代中西竞逐过程产生的一些正反影响。

研究重点为两个，一是中国火炮的分类，一是各类型对历史进程所起的作用。技术分析是社会分析的前提，两方面相互结合，最

① 兴河. 天朝师夷录——中国近代对世界军事技术的引进（1840—1860）. 北京：解放军出版社，2014.

终把其问题的解决落到实处。

难点之一：中国火炮的史料以及各型火炮材质的分析。由于中国古近代学者对之记载的简略，即使穷尽国内重要图书馆、档案馆的书籍，收获也是一般。故本书需在全面掌握中文资料的同时，通过国外资料来验证和反推清朝的火炮技术。

材质问题是鉴定火炮优劣的核心之处，对其判断，除了结合史料和实战案例之外，金相检查十分必要，因为中国古文撰述者，多是偏人文学科的知识分子，科学技术成分展示不够，此技术到底如何，须结合今天的科学技术知识进行分析，方能有个合理的解释。

难点之二：各型火炮产生的原因及所起的历史作用。以往研究者从社会制度、生产方式、军事理论等角度研究较多，有待从技术与社会因素相结合的角度加以深化。

创新之处有以下三方面。

（1）西文史料拓展了对中国火炮类型的认识。探讨一需中西资料的查对，二需交叉学科研究的辅助。清朝火炮资料虽然相对较少，但中国国家图书馆、中国第一历史档案馆、北京大学图书馆、清华大学图书馆、中国人民大学图书馆等处差强人意，能基本满足这方面的需要。欧洲诸国由于工业革命发生较早，文化产业相对发达，资料相对周全。如今可借助亚马逊网站购买书籍，尽管昂贵，但效率高、数量多，对传统史料查找方式是个有益的补充。再如当年摄影术尚不发达，但可透过绘本或战后摄影略知一二。

（2）研究方法。以往国内学者的研究限于当时的一些客观条件，主要是文献研究（偏重中文史料）、实地调研两种方法。南宋郑樵主张“图谱之学，学术之大者”（《通志》）。更何况一图胜千言，对于佐证史料、让读者明晰意义重大。笔者在注重火炮材质金相的基础上，将扩充图表以弥补此方面的不足。最终从史料分析、实地调研及结合典型案例等方面进行研究，尝试多重证据聚焦的研究方法。

（3）分析方式。在史料分析、实地调研及案例研究的多重证据聚焦的基础上，从技术与社会互动的角度，探讨中国火炮类型与国家物质基础、海防思想、海防制度、海防安全等方面的相互关系，史论结合，论从史出。此在理论探讨上略有新意。

四、研究对象、相关概念的界定

（一）研究时段的界定

鸦片战争前后，同期大致是欧洲风帆时代。欧洲风帆时代指17世纪初到19世纪中期，贸易和海战为风帆舰船所主宰，但通常写为1650～1850年。中国第一历史档案馆编纂的《鸦片战争档案史料》大致取1805～1850年为鸦片战争前后。更多文献泛指中英鸦片战争前后至英法联军侵华之役之后的若干年。不过，笔者认为：把时间范围向两端延伸些，利于探讨中西海军产生及其武备提升问题的来龙去脉和时代意义。

（二）海盗（匪）、倭寇及一些区域的界定

1. 关于“明清江海海盗”

当时多用“洋盗”称之。其实，他们被称为“海匪”应更合适，以区别于近代海上有组织的海盗集团称呼。

海匪活动早在东汉末年就已出现，至清中叶（主要指乾隆六十年至嘉庆十五年，1795～1810年），其活动达到顶峰。成分复杂，很多是被掳掠、被威胁、无奈之人。它们由通商互市、反抗政府海禁政策转为涉利为目的，海匪之间的互援以及纪律甚严成为他们的特点。清廷对付之，采用剿、抚、守三种策略，但结果均

不甚理想。[①]

2. 关于“倭寇”

14～16 世纪，倭寇是在从东海到南海的朝鲜、明朝沿海地区进行大肆抢夺的海盗集团的总称。盛行阶段主要分为前（14 世纪中叶）、后（16 世纪中叶）两个时期，前期始于 1350 年倭寇对朝鲜半岛的袭击。被当地人称为“贼”的主力是居住在九州岛及周边的“边缘倭人”。他们的攻击相当激烈，朝鲜、明朝均不断要求日本幕府治理倭贼。倭贼在 15 世纪初期有所收敛。但是，进入 16 世纪以后，海盗在明朝沿海地区再次猖獗。这被称为后期倭寇。这些人避开明朝官府的耳目，秘密开展贸易，并不时在沿海地区和海上进行抢劫。明朝深受后期倭寇和北方游牧民族的侵扰之苦（所谓“南倭北虏”）。[②]

3. 关于“海洋”“东、西洋”

宋元时期，随着航海实践的空前发展，海洋地理空间认知中“九州—四海”的“天下”格局的知识框架逐渐被航海实践突破和“遗忘”，抽象的“海”向具象的“洋”转变，海洋被以多种方式划分和命名为不同的“洋”。宋元对“洋”的划分和命名仍表现为区域性知识。[③]

从南宋以后，中国逐渐将面向的大海依罗盘方位分成东西二洋。东洋包括位于东面的朝鲜半岛、日本列岛等海陆空间。西洋是一个更大的空间概念，通常将马六甲海峡东口以西的海区统称作西洋。

---

① 汤怿. 清中叶东南沿海海盗问题再探. 宁波：宁波大学，2015.

② 刘晓东. “倭寇”与明代的东亚秩序. 北京：中华书局，2019.

③ 黄纯艳. 宋元海洋知识中的“海”与“洋”. 学术月刊，2020（3）：155-166.

（三）桨帆和风帆战船、商船、战列舰等的界定

1. 桨帆和风帆战船

早期的军舰被称为战船，是在桨帆船基础上发展起来的，所以又称桨帆战船。

古代战船的发展主要分为桨帆和风帆战船两个时期。未装备火炮的木质战船多为桨帆船，船体结构为木质，船型较瘦长，吃水较浅，主要靠人力划桨摇橹前进，顺风时辅以风帆；早期装备冷兵器，后期开始装备燃烧性火器；作战方法为撞击战和接舷战；一般只适于在内河、湖泊和近岸海域航行作战。桨帆战船向风帆战船的过渡，持续了数世纪。风帆战船的船底结构亦为木质，吃水较深，艏艉翘起；竖有多桅帆，以风帆为主要动力，并辅以桨橹；排水量一般比桨帆战船大，航海性能好，能远离海岸在远洋航行作战；主要武器为前装滑膛炮，作战方法主要是双方战船在数十米至千米距离进行炮战，并有时辅以接舷战。①

2. 战船、商船

在风帆时代，战船、商船的吨位和体量应有明显区别，在形制、材质、性能、作战方面也有不同。战船首要考虑载枪炮武器多且适航性好，最终利于其作战威力的施展。而商船首要考虑载货量大以及航行的安全。

建造商船常采用丰满的船体，以承载尽可能多的货物。而战船的设计则有许多变化。其舷侧顶边一般向内缩进，便于支撑上甲板内舱炮的重量，船体因此会变得较为结实。②

木质桨帆战船作战通常是打群架，冷热兵器并用，以船大、船多、桨多和人众为制胜法宝。战船一般可分为大、中、小三种类型，

---

① 中国人民解放军海军司令部. 中国军事百科全书·海军技术分册. 北京：军事科学出版社，1992.

② 辛格，等. 技术史·第4卷·工业革命（约1750年至1850年）. 上海：上海科技教育出版社，2004.

并有官船、快船、哨船等多种样式。首要指标是火力，适航性和远航性屈居次要。至 16 世纪后期，荷兰设计制造了专门用以货运的远洋商船，并于 17 世纪下半叶，在战争期间战船为商船保驾护航，此标志着船的设计更加专业化。

至鸦片战争前后，一般远洋商船以 200 吨为最适合的载货量。英国东印度公司（英国政府特许设立的经营对印度及远东地区垄断贸易和从事殖民活动的公司，它还有协助政府和军事的作用。1813 年它丢失了对印度贸易的垄断权利，1833 年贸易业务终结）资金雄厚，可根据贸易需要配备约 100～1000 吨位的商船，且兼具军事和贸易的功能。①

3. 战列舰

1650～1850 年的木质风帆时代，主力战船称为风帆战船、战列舰、战斗舰等，通常包含一、二、三级，简称战舰。即战舰的称呼应是在战列舰出现之后，对有攻击能力的大型风帆战船的尊称；至铁甲舰出现后才逐渐改称铁甲舰。今海军舰艇亦统称战舰。

当时射程和精度都有限的火炮，主要安装于低层甲板，与龙骨成直角，通过舷侧炮眼向外开火。风向对它的战斗性能有很大的影响，在战斗中，战船之间的通信也由于噪声和烟雾的影响而相当困难。这些条件和战争实践使得 17 世纪中叶的战船必须排成横列，在通过敌舰附近时侧舷齐射。

具体而言，装备有多座大口径舰炮，具有很强的装甲防护，曾作为船队主力在远洋作战的大型水面战斗舰艇，亦称战列舰。在海战中，通常是列成单纵队战列线进行炮战，因而得名。其发展经历了风帆和蒸汽战列舰两个阶段。风帆战列舰出现于 17 世纪中期，系木质船体，排水量由 1000 吨逐渐增大到 4000～5000 吨，是帆船

① 曾玲玲. 清初屈大均笔下的来粤西洋商船. 海交史研究，2014（2）：75-88.

船队中最大的战船。早期，风帆战列舰装备发射实心弹的前装炮数十门至百门，19 世纪初以后，改装发射爆炸弹的后装炮 120～130 门。蒸汽战列舰出现于 19 世纪中期，是近代工业的产物。舰炮威力、装甲防护力、航速和排水量被视为战列舰的四要素。①

4. 巡洋舰、护卫舰

在风帆时代，它们是指舰炮较少，通常不参加战列线战斗，而主要用于巡逻、护航的快速炮船；在蒸汽船时代初期，则指明轮巡航炮船。在舰船采用螺旋桨推进后，至 19 世纪 60 年代才开始探索并建造具有近代意义的巡洋舰。16～17 世纪，欧洲一些国家把轻快的三桅武装船称为护卫舰。至 19 世纪中叶，护卫舰开始采用蒸汽机主动力装置或并用风帆。②以往一些驱逐快舰及海岸炮艇带有巡洋舰、护卫舰的部分功能。

5. 装甲舰和舰炮

大致在 1860～1905 年，战列舰最终演变为“铁甲舰”，是维持海权的基本工具，拥有三个主要特征：包覆装甲的舰壳、蒸汽动力系统、主要武器装备是可发射爆炸弹的大炮。这些都具备的战船被称为铁甲舰。

舰炮出现于 14 世纪，初期是用青铜或铸铁（生铁）铸成的滑膛炮。有的装在舰首、尾平台上；有的配置在多层甲板的两舷，称舷炮。当时大型战舰装备的舷炮多达百余门，舷炮战术成为海战的主要手段，使接舷战战术和撞击战战术降居次要地位。按舰炮口径大小，分为大口径舰炮（15.2～40.6 厘米）、中口径舰炮（7.6～13 厘米）和小口径舰炮（2～5.7 厘米）。③

装甲舰上的主炮口径一般为 12、15、17、21、30.5 厘米等几

① 中国人民解放军海军司令部. 中国军事百科全书・海军技术分册. 北京：军事科学出版社，1992.
② 中国人民解放军海军司令部. 中国军事百科全书・海军技术分册. 北京：军事科学出版社，1992.
③ 希尔. 铁甲舰时代的海上战争. 谢江萍译. 上海：上海人民出版社，2005.

种规格，副炮口径一般在 7～12 厘米。①

炮舰出现于 18 世纪末，是以舰炮为主要武器，在近岸海区活动的水面战斗舰艇，用于巡逻、护航、布雷和对岸射击等，分为海洋和江河炮舰。有专门建造的，也有用其他舰只改装的。海洋炮舰排水量不超过 2500 吨，航速 10～20 节②，装备有 7.6～15.2 厘米口径舰炮 2～5 门和小口径舰炮；江河炮舰排水量多为数百吨，航速 8～15 节，装备 4.7～12 厘米口径舰炮 1～4 门和小口径舰炮。至 19 世纪末期，炮舰曾泛指排水量小于巡洋舰、装有各种舰炮的军舰。③

（四）明清世系表

表 0.1、表 0.2 为明清世系表。

表 0.1　明朝世系表

年号	庙号	名讳	即位时间
洪武	太祖	朱元璋	1368 年
建文	惠宗	朱允炆	1398 年
永乐	成祖	朱棣	1402 年
洪熙	仁宗	朱高炽	1424 年
宣德	宣宗	朱瞻基	1425 年
正统/天顺	英宗	朱祁镇	1435 年/1457 年
景泰	代宗	朱祁钰	1449 年
成化	宪宗	朱见深	1464 年
弘治	孝宗	朱祐樘	1487 年
正德	武宗	朱厚照	1505 年
嘉靖	世宗	朱厚熜	1521 年
隆庆	穆宗	朱载垕	1567 年

① 当时的部分简称：厘米（生），滑膛炮（SB），前装（ML），后装（BL），回旋式机关炮（RV/MG）。

② 1 节=1 海里/时=1.852 千米/时。

③ 中国人民解放军海军司令部. 中国军事百科全书·海军技术分册. 北京：军事科学出版社，1992.

续表

年号	庙号	名讳	即位时间
万历	神宗	朱翊钧	1572 年
泰昌	光宗	朱常洛	1620 年
天启	熹宗	朱由校	1620 年
崇祯	思宗	朱由检	1627 年

表 0.2　清代世系表①

年号	庙号	名讳	即位时间
天命	太祖	努尔哈赤	1616 年
天聪/崇德	太宗	皇太极	1626 年
顺治	世祖	福临	1643 年
康熙	圣祖	玄烨	1661 年
雍正	世宗	胤禛	1722 年
乾隆	高宗	弘历	1735 年
嘉庆	仁宗	颙琰	1796 年
道光	宣宗	旻宁	1820 年
咸丰	文宗	奕詝	1850 年
同治	穆宗	载淳	1861 年
光绪	德宗	载湉	1875 年
宣统		溥仪	1908 年

① 一般认为 1644 年是明清分界线。

第一章　晚清海防及兵器配置概况

中华民族对海疆的开发由来已久，但在明朝以前，未形成完整的海防体系，海洋只是陆地政权的某种延伸。从明朝在沿江沿海设置众多卫所起，国人始有海防与海权观念，并在明末形成了对西洋诸殖民强国海军“船坚炮利”的军事印象。明清时期，随着中西新航路的开通，更多西方国家来到中国沿岸寻求贸易，封建王朝近防海寇、远赐藩臣的传统贸易格局被打破；但是，中国海上势力却呈收缩态势，这无意间给了西洋人入侵印度洋和太平洋沿岸国家机会。明朝中后期东南沿海倭患严重，西方海盗（或商人）的威胁加剧，海防重心南移。

清朝起自东北，于明朝衰微之际乘时崛起。在入关之初，清军在江南和闽粤的胜利主要靠“以汉制汉”的策略及明朝的内讧，至于战场上，则仰赖精锐的步骑，其水师力量并未拥有绝对优势。清朝海防面临着与明朝相似的情形，在海洋政策和海疆治理上参考明朝，确立了以东南沿海为治理重心。①

清朝防务体系的主体是八旗和绿营，江海防务体系主要由八旗、绿营、炮台、战船等组成。绿营水师是其中坚力量，八旗、绿营陆师是其重要协助力量，江海各口岸炮台和师船是其重要保障。历经康、雍、乾等朝，清廷逐步建立起水陆相依、岛岸相依的陆基江海防体系。②

---

① 侯俊云. 雍正朝东南海疆治理研究. 广州：暨南大学，2007；李金强，等. 近代中国海防：军事与经济. 香港：香港中国近代史学会，1999.

② 谢茂发. 清前期江苏江海防体系考略. 军事历史，2015（5）：61-65.

八旗水师主要设防于长江以北，绿营水师主要集中于浙江、福建和广东等地。海防之要有三策。上策是出海会哨，毋使入港。(《广东海防汇览》）驻扎兵营，水陆相连，星罗棋布。然后再以会哨之法，结成一个严密的防御网。战船制敌于外洋，炮台歼敌于沿岸，江海水师及陆师则防堵敌人于岸上。

由于缺少具备海上作战能力的大型船只，八旗、绿营均将大部兵力驻于陆地，依托岸基炮台、营寨进行防御作战。①

至于士兵防卫武器，清朝有铁甲和棉甲，盾牌有木牌、挨牌、藤牌等，并设有藤牌营。到清中叶以后，木藤质的盾牌和棉制的盔甲，已不能抵御枪炮子弹和破片，便自然淘汰。②

第一节　鸦片战争背景原因

战争早在原始社会后期便已出现，私有制、阶级压迫和经济利益的冲突是导致战争的重要因素。人类进入奴隶社会以后，战争变成了政治的工具。在当今和未来，引发战争的因素众多，诸如争夺势力范围、领土争端、边界纠纷、掠夺战略资源、争夺市场、意识形态斗争、宗教矛盾、民族矛盾等。

鸦片战争是中国人心中永远的痛，它是处于资本主义上升阶段的英国与处于封建主义没落阶段的清朝之间的战争，也是西方的“军事-工业体制”与中国古老的“军事-农业体制”的冲突和较量。

工业革命后，英国在海军实力、殖民地、商业贸易以及工业化上逐步发展到顶峰，成为实实在在的全球性强国，其威慑力一直保持至20世纪初。因此，其炮舰政策的主要目的是获取对于英国来

---

① 谢茂发. 清前期江苏江海防体系考略. 军事历史，2015（5）：61-65.

② 毛宪民. 清宫武备兵器研究. 北京：文物出版社，2013.

说至关重要的贸易特权或政治控制权。1835～1860 年是英国炮舰外交和海军干涉的时代，它需要的是贸易机会与特权，追求的是进入全世界市场的自由，如果有落后国家不愿给予这种自由，那么就强迫给予，或者是用外交威胁手段，或者是直接动用武力，直至达到目的。①

英国对华贸易额大，与中国贸易纠葛多，并且海军也强，遂诉诸武力乃至兵戎相见。但他们也明白，对于清朝这样的排外大国，完全摧毁其国家机器，进而建立起一个新殖民政府的代价太高。

确保英国商人在中国的行动自由，不受任何限制地在中国各地经商一直是英人的最大目标。如果推翻了清政府，这个国家会立即陷入无政府状态，所有的贸易将会中断。对于英国人来说，商业利益是第一位的，其重要性远远超过为过去所受的伤害复仇或是维护国家荣誉。②

第二节 清朝兵制

中西兵器技术和性能的差距从属于所处的社会环境，与国家的政治制度、总体经济和技术水平、军事实力、兵种构成、国防与海防发展战略等因素息息相关。

中国古代战争多在陆上进行，骑兵较陆兵而言，尽管人数不占绝对优势，但在战斗中是关键力量。清朝在很长时间内，骑兵仍然是部队的主力，步兵处于从属地位，炮兵混编在步兵营中，炮手因需调用，无法发挥集中攻击的优势。

清军水师是在入关后逐步强化的兵种。清朝习惯称正规军为

① 张本英. 自由帝国的建立——1815～1870 年英帝国研究. 合肥：安徽大学出版社，2009.

② 沃尔斯利. 1860 年对华战争纪实. 江先发，叶红卫译. 上海：中西书局，2013.

兵，非正规军为勇。八旗兵和绿营兵都是国家的经制兵，伴随着八旗入关后的腐化，清廷对水陆绿营开始倚重。清廷虽然利用绿营作为统治工具，但仍防范和歧视。以驻屯来说，八旗集中驻屯，务求其合，绿营则分散驻屯，务求其分。以兵器来说，最优良的兵器归八旗使用，绿营所用只是普通的兵器。以京师近卫来说，由八旗独当其任。以劳役来说，八旗不负差役，绿营则兼充百役。八旗饷银丰厚，绿营则饷银微薄。凡此种种，都提高八旗的地位以压制绿营。①

绿营也系世兵制，只不过没有八旗那样严格罢了。全国设有定额，每兵均注于册，由各省按年册报，存于兵部，粮饷掌于户部。他们不同于民户，父在役子为余丁，父退役则子补其缺额，所食额定之饷即赡其身家。②

顺治年间，清朝在沿海、沿江各省，沿袭明朝规制，以绿营兵作水师营，建立了内河与外海水师，立了巡洋与会操制度。③顺、康兵事未定，直到三藩平定，水师中的各项规则方才次第确立。制定战船修造年限，三年小修，五年大修，十年拆造。从顺治到乾隆，在福建、广东、江南设立了三个水师提督。但对其组织的设置皆与绿营的陆兵无异。其与陆兵相异之处，是在任务方面扮演不同角色。组建后不久，清廷就发现由北方游牧民族组成水师是很困难的，于是在乾隆初年便将水师的重点移到了南方，并由以汉人为主的绿营兵组成。水师防守口岸、缉捕海盗。由于其组织水陆不分，水师亦常受陆路提督的指挥。

全国绿营兵额总数时有增减，在1850年接近60万。其中，绿营水师只占一小部分。依据魏源的统计：闽广水师，每省三万有奇，

---

① 罗尔纲. 绿营兵志. 北京：商务印书馆，2011.

② 王尔敏. 淮军志. 桂林：广西师范大学出版社，2008.

③ 李金强，等. 近代中国海防：军事与经济. 香港：香港中国近代史学会，1999.

江浙水师，每省两万有奇，虚冒半之，老弱半之，未必有数千之可用。(《海国图志》)

八旗和绿营由于腐败，1853 年以后渐被勇营的湘淮军替代，遂有湘军以前兵为国有，湘军以后兵为将有的局面出现。

除了八旗与绿营的经制之师之外，沿海各州县也有一些武装(清初州县额设民壮 50 名，年发工食银 6 两)、绅士掌握的民团以及临时招募的乡勇，他们也成为国家海防力量的重要补充。

自三藩平定至曾国藩创立湘军，仅在东南沿海的江、浙、闽、粤即有大小战船数千艘、大炮数千门，在当时的整个世界亦堪称大规模。水师成形后发挥了一些作用，如缉私、捕盗、消除反侧、保护国家安全。不过，清廷由于严格执行海禁政策，以一个陆权国家自居，对于绿营水师未太多注意。不仅典章制度、组织、训练沿袭旧制，甚至在装备方面，较诸前朝还有逊色。至光绪，南、北洋水师铁舰制成，始别设专官以统率之。[①]

第三节　清朝国防主力军——绿营的兵器配置概况

清朝向来重视武备，视整军讲武为军政要务。为利于战阵中克敌制胜，部分清军较早就装备了火枪等枪械。顺、康年间，清军在抗击沙俄侵略的军事行动前后，已渐次加强了东北驻防八旗官兵的枪械装备。乾、嘉、道三朝时，应参战、捕猎等现实需要，八旗官兵陆续破除弓马骑射为主的观念，对操演施用鸟枪、抬枪等枪械兴趣浓厚。[②]

至 19 世纪中叶，中西冲突导致战云密布，故清军热兵器配置

---

① 李金强，等. 近代中国海防：军事与经济. 香港：香港中国近代史学会，1999.

② 付永正. 清代东北驻防官兵装备与操演枪械状况考——基于咸丰二年军兴以前的研究. 贵州文史丛刊，2017（3）：45-52.

有所加强。《广东海防汇览》中对广东南澳“镇标”右营（约 1026 人）的装备有统计。火器是水师作战的主要兵器，主要有熟铁子母炮、生铁炮、鸟枪等。其中，鸟枪 638 杆，熟铁子母炮 19 门，生铁炮 126 位。冷兵器有弓箭、藤牌、钩镰枪、长枪、挑刀等。此沿袭了明朝，形制名称虽有不同，但大同小异。（《广东海防汇览》）其火枪、火炮配置率比陆师高得多，与西洋相比的缺陷在于枪炮技术落伍，性能有限，故需冷兵器辅助。

清朝乾隆末年以后，广东逐渐取代福建成为全国的海防重心，兵力配置在东南沿海较多。广东水师的建制，先以海盗为防范和作战对象，航速与机动性成为选择船型与修造战船的重要标准。从 15 世纪中期以来，起点较高的中国战船技术却发展缓慢。桨橹时代的特征在清军水师船只中并未完全消失。清廷在工部下设置都水清吏司，掌全国航政及船政事宜，战船的建造由各省的造船厂承担。

清朝外海水师主力战船的演变按其形制大致可分为三个阶段：顺、康为鸟船和水艍船，康、乾为赶缯船和双篷船，嘉庆以后为米艇和同安梭船。①

在鸦片战争时期，清朝动员的兵员与备防物资众多。沿海战区曾拥有旧式铁炮 7000 门以上，铜炮 100 多门。新铸火炮 4000 门以上，含铜炮近千门。②英军俘获清军炮 3000 多门（含铜炮 200 多门）。③

除了绝对数量，军力的强弱更在于其质的科技含量与灵活驾驭。在鸦片战争时期，清初铸造的火炮比比皆是，由于没有定期修理或更换的体制，多露天存放在炮台、城垛等处，炮身内外锈蚀严重，即使可用，威力也受限。

---

① 祁磊. 鸦片战争以前清朝水师战船的演变. 历史档案，2018（1）：88-95.

② 张建雄，刘鸿亮. 鸦片战争中的中英船炮比较研究. 北京：人民出版社，2011.

③ Bingham J E. Narrative of the Expedition to China，from the Commencement of the War to Its Termination in 1842. London：Henry Colburn，1843.

清朝以佛山制大炮为代表的采办制度如下。每当需要添加炮位，由驻粤军事长官或水师提督会同两广总督奏议，兵部复核同意后，奏请皇帝下旨。两广总督接旨和兵部咨文后，立即委派铸炮监造官在佛山镇（今佛山市禅城区一带）招募炮匠，根据报价确定该批次铸炮所需银两。广东布政司会同佛山同知、南海县知县与佛山镇炮匠签订合同，合同内容一般规定了炮匠工价、材料价、运价、保用年限、赔铸责任。铸炮监造官全程参与，并在每尊炮身上嵌刻大炮类型、重量、年份、出品人（如广东军政长官）姓名、监造官姓名、炮匠姓名。开铸前，由广东布政司先行开支银两，由炮匠赔铸补运。凡各省官府发起的铸炮费用，在各省下年地丁银两内报销。凡捐铸炮位费用，由捐铸人承担。此制度有几大特点：出品人和监造官对佛山铸炮业比较熟悉；炮匠“李陈霍”并非实名，而是佛山炉户的集体品牌；炮匠工价按市场确定；炮匠保固和赔铸执行比较宽松。[①]至于其他省份，流程大同小异。

在英法联军侵华之役中，清军使用的大炮主要是没有膛线的前装滑膛炮。除中央统一制造外，沿海各省曾积极新铸红夷炮和购买西洋前装滑膛炮用于御敌，广东和江南一带的清军装备西式武器较多，其他地区较少，购买渠道以民间为主。广东和京师的铸炮地点各集中在佛山镇和造办处。沿海各直省旧存红夷炮四五千门，新铸红夷炮达 2000 门之多，沿海清军、各路义军、沿海海盗与商船主等在岭南和上海地区购买西洋前装滑膛炮不下 2000 门，共计约 9000 门，且重炮、巨炮甚多。

国不可一日无防，清初江海防务体系主要由八旗、绿营、炮台、战船等组成。“巡洋会哨、防海缉盗、战船和炮台的督造与维护”是水师的中心任务。在英法联军侵华之役中，除京师由八旗步骑护

① 罗一星. 帝国铁都：1127—1900 年的佛山. 上海：上海古籍出版社，2021.

卫外，国防军的主力实际上是水陆绿营。绿营水师每营平均约 700 名。清朝主导型火炮红夷炮趋向重型乃至巨型方向发展，同时也对国外先进火炮式样钟爱有加，但总体上与即将进入后装线膛炮技术的西方相比，差距在拉大。清廷曾积极新铸红夷炮和购买西洋前装滑膛炮用于御敌。沿海战船仍是红单船、拖风船、米艇等小型木质风帆式样，载炮少且小，性能有限。但与鸦片战争相比，其技术和性能还是略有进步的。

第二章　13～19 世纪中国炮制及其局部特征

火炮类型以炮制为前提，炮管是炮制的主体，其形制演变有一个缓慢过程，此是由一定时代的技术水准决定的。中西火炮发展可划分三大时期：熟铁锻打时期、前装滑膛铸铁炮时期、前装滑膛炮之后时期。其中，第三时期又可细分为几个阶段：后装线膛炮、前装线膛炮、后装钢炮等。[①]探讨中国火炮类型演变的问题，离不了对其形制设计的分析，而形制设计与材质构造、制造工艺等密不可分。

第一节　13～19 世纪中国炮制的演变

一、中国火炮前史

火药和大炮的构思是从中国传入欧洲的，中西从 13 世纪将金属管形火器用于战争，中国以冶铸技术见长，火炮设计与制造技术在明朝中期以前领先欧洲。中国从远古到五代是冷兵器为主的时代，北宋以后为冷热兵器并用时代。中国至迟在唐末开始使用火药武器。火药武器在战场上的出现，预示着军事上将发生一系列的变革。不过，唐宋以来纵火性火器只是传统“火攻法”的一种延伸，当时战场上武器的应用仍然以刀枪、弓箭等冷兵器为主。

抛石机曾被称为“炮”，是一种木制机械装置，运用杠杆原理

---

① Hogg O F G. Artillery：Its Origin，Heyday and Decline. London：C. Hurst，1970.

抛射石弹或火药弹来打击对方人员或军事设施。抛石机在春秋之时就已经运用于战争，秦汉之后成为军队的常规武器装备之一，宋元时期其发展达到最高峰，明朝中后叶随着火炮技术的发展，逐渐被战场淘汰。[①]它有一根巨大的投石横杆，装在一座直立的支架上，由一队士兵一齐牵拉连在横杆上的绳索将石弹或易燃物抛出。这类投掷武器在许多战斗，特别是围攻作战中使用，同时也可以用来对付敌军步兵的密集阵形。传到欧洲后，欧洲人把它改造为配重式抛石机，用重砣落下时产生的势能发射，与牵引式抛石机相比，减少了牵拽人员的数量，数个操作熟练的人就能发射很重的弹丸，其次通过调节重砣的重量，射程及精确度有了很大提升。13 世纪配重式抛石机进入中国，称为“回回炮”。世界上较早的铁壳爆炸弹是“铁火炮”（又称“震天雷”）。[②]

二、元代火炮的正式问世

北宋时期，中国军队中出现了燃烧性、爆炸性、管形射击性以及利用火药燃烧喷气推进的火箭[③]，这一时期仅是火器的创制和初步发展阶段。南宋初年，出现了以竹、木为体的射击性原始管形火器。1132 年，陈规发明了一种用巨竹做筒，内装火药，能喷出火焰的火枪。虽然射程仅 5～10 米，但射毕后可用锋利的枪头刺敌人。13 世纪初，金兵开始携带一种由单兵使用的飞火枪（火箭）与蒙古军作战。飞火枪是我国火器发展史上首次装备集群士兵作战的单兵火枪，标志着我国单兵火枪正式诞生。因为火药燃烧时宛如梨花飞舞，所以叫作“梨花枪”。1259 年，安徽寿春府创制了“突火枪”，

---

① 张剑兵. 中国古代抛石机研究. 郑州：郑州大学，2007.

② 钟少异. 从冯家昇的铁火砲图说起——简评重庆出土南宋铁火砲实物的学术意义. 中国科学技术史（英文版），2019（1）：62-73.

③ 本书中火箭一般指传统火箭。

这种枪以“巨竹为筒，内安子窠”，烧放焰绝，“子窠”随之发出。这种突火枪是世界上较早应用射击原理的管形火器，是世界枪炮的鼻祖。其具备了管形射击火器的三大特征：身管、火药和弹丸。

军工生产是元代官府手工业的主要部门之一，从事兵器制造的官府局院及工匠占有相当比例。中央武备寺下辖制造兵器的军工局院，地方则设杂造局，因地制宜生产各种军事物资。军户也有生产军需品的义务，但严禁民间私造兵器。元代的武器种类不如宋代那么繁多，但吸取了中西兵器之长，多有发明，在当时世界上居于领先地位。[①]如在南宋发明突火枪的基础上，出现了金属管形火器——火铳，是16世纪中叶引进西洋鸟铳以前的主要火器之一，在主力部队中广泛配备。

火铳（其实和同期欧洲第一代枪械——火门枪等同）的发明是世界战争史从冷兵器时代向火器时代过渡的标志，也是枪械发展的初级阶段。但早期火铳威力小，射程近，主要是一种心理震慑。它都是单管铳，分大小两种：大者称碗口铳或盏口铳，安于架上发射；小者称手铳，是单兵手持火器。以后，它们分别发展成炮和枪两个系列。

三、明初火铳的发展

火铳在元代创制以后即被用于作战，到元末时期使用逐渐频繁，在朱元璋的农民起义军中，火铳作战尤为突出。但初创阶段的火铳存在装填费时、射速慢、射击不准确等明显缺陷，因此只能部分取代冷兵器。到1377年，前装滑膛铁炮问世，威力比铜火炮要大得多，且铸炮造价也低廉，因此，铁炮的出现，为我国古代火炮

① 胡小鹏，程利英. 元代的军器生产. 西北师大学报（社会科学版），2004（2）：45-49.

的发展开辟了广阔的前景。此时，火炮铸造技术已比元代先进许多，炮口由容易敞气的喇叭口改成闭气性好的直筒形，炮身也加铸了几道隆起的铁箍，因此，能承受相应增大的膛压。

明朝许多火铳上刻有铭文，反映了当时铸铳机构的人员组成和造铳概况。明朝的兵器制造与管理机构，为了保证所制各种兵器的数量与质量，还制定了若干条规章制度。①

明初中国火铳向四周传播，永乐年间越南性能较好的神机火器返传中国，文献和出土实物证明越南神机火器技术先进的关键是在火药和弹丸之间采用了“木马子”。越南黎澄父子等技术工匠，对明初火器技术的发展作出了一定贡献。“木马子”具有紧塞和闭气的作用，可以增强火药的爆发力，使弹丸受力集中，增加了射程。②

火器用于战争后，军事战略与战术的变更与兵器技术发展相对应。

洪武十三年（1380 年），在各地的卫所驻军中，按编制总数的 1/10 装备火铳。火铳技术的逐渐成熟也形成了火器部队——神机营。神机营是京军三大营之一，装备有火枪、火铳等。因火器长于远射、抵御冲击的作用，神机营一般处于军阵外层。神机营的设立比西班牙火绳枪部队早约百年。其标志着中国古代军队的编制装备、教育训练、作战方式等在使用火器后发生了首次变革，由步、骑双兵种逐渐趋向于步、骑、炮、工、辎诸兵种合成军队。永乐年间，朱棣下令在宣府、大同等隘口安装炮架，加设火铳。③至嘉靖年间，长城沿边要地构筑了安置盏口铳和碗口铳的防御设施。

① 王兆春. 中国古代军事工程技术管理机构的演进. 工程研究，2010（3）：264-277.

② 李斌. 明清火器技术研究. 合肥：中国科学技术大学，1991.

③ 赵琦. 明蒙战争中火器的使用及其作用. 呼和浩特：内蒙古大学，2014.

四、明中后期火炮兵器在沿海卫所中的配备及作用

明中期以后，单管手铳与碗口铳虽已逐渐被鸟铳和佛郎机铳（炮）代替，但为提高射速而创制的各种多管铳却频频问世。使用较多的有三眼铳、四眼铳、五眼铳、五排枪、七星铳等。盛行200多年的火铳，不但对明朝的军事产生了重要影响，而且促进了越南、朝鲜等的火器制造。明朝用于水战的碗口铳，多安于战船的固定木架上，从舷侧射击敌船。三眼铳是一种常见的多管铳，熟铁锻造，铳身由3个铳管铸成“品”字形，多有加强箍，每个铳管各有1个药室和火门，点火后可连射或齐射，射程50～200米，常用于射击密集的骑兵。铳身刻有铭文，主要内容有造铳地点、单位、监造官员的职务和姓名、造铳的军匠和民匠的姓名、卫所的名称、使用火铳的教师和习学军人的姓名、火铳的重量和造铳年月等，基本上反映了其制造和使用的情况。直到清朝前期，这种火铳方为火绳枪所取代，遗存之物转而成为乡村自卫与狩猎的火器。

明朝海防旨在防范倭寇[①]在东南沿海各省的骚扰，清朝的海防初为防范明郑的反攻，后为防范海盗[②]等的抢掠。二者虽目标不同，但都为维护河海治安。明朝海防实行卫所制度。卫所是明朝海防体系的基本组织形式，洪武期间，已有卫所的雏形，即在重要的城镇交通枢纽设卫，在小岛和孤立的要点设千户所，在不能容纳众多兵员的关口险隘设百户所。

在建立卫所的同时，还在沿海建立了专司巡查的巡检司、烽堠、水寨等一批海防工程，它们同卫所一起，成为明朝沿海的主要防御机构。为便于统率一个地区的各卫所，常在若干卫设都指挥使司，负责一个地区的卫所事务。统辖都指挥使司和卫指挥使司的中央机

① 梁二平. 败在海上：中国古代海战图解读. 香港：三联书店（香港）有限公司，2014.

② 汤怿. 清中叶东南沿海海盗问题再探. 宁波：宁波大学，2015.

构是都督府，如此就建立了“都督府—都指挥使司—卫指挥使司—卫所”的海防组织体系。卫所的军士实行耕战结合，寓兵于农。①

卫所里的战船多以中小型的军船为主，有海船、三百料船、四百料船、多橹快船、海巡船等名称。其中以机动性强的八橹快哨船、十桨飞船配置最多，风快尖哨船使用也比较普遍。②

但是，至明朝中期，卫所、水寨空虚废弛，作战能力衰退，使明初建立的海防体系受到严重冲击，陷入名存实亡的境地。明廷不得不实行变革。一则变革兵役制度，实行募兵制。二则变革军队编制制度，实行营哨制。编制大体是营—总—哨—队—什。营哨制成为明朝后期军队的基本编组体系，比卫所制严密，较好地实现了官兵结合、平战结合。营哨制在水师中也得以实行，实行人与船的结合，形成了部—营—哨—船的编制体制。三则改进军队领导指挥体系，增强指挥的集中统一性。这些改进对海防和抗倭产生了积极的作用。但是，明朝中期海防体系的变革不够彻底，常常处于新旧并存的状况，如募兵虽已成为军队的主要来源，但未在全国完全实施。

五、明朝火炮技术的缺陷

明朝军事将领戚继光曾在戚家军骑（兵）营中装备较早的轻型迫击炮——虎蹲炮（图 2.1），此炮管薄，射程不远，适用于山地作战，在抗倭作战中发挥了重要作用。这支队伍是我国较早的骑炮兵，比瑞典 1630 年左右编制的骑炮兵要早 50～70 年。戚继光编练的水兵营，实行的就是营哨制，冷热兵器各占一半。但是，明朝火器技术的发展与西方同时期相比并不理想。原因在于明朝火器创制的原则是“够用即可”，再加上落后的小生产方式、火器自身技术的不

① 史滇生. 明代海防体制的演变//唐立鹏. 明清海防研究（第十辑）. 广州：广东人民出版社，2017.

② 宋烜. 明代海防军船考——以浙江为例. 浙江学刊，2012（2）：50-58.

成熟等，严重限制着火器的进展。明中期以后，中国科技发展滞后，决定了火器技术落后于西方已不可避免，火器家们即使在一些单项上有进展和成就，也不足以推动火器研制进入新的创造性阶段。此时火炮的缺陷有以下几个方面。

(a) (b)

图 2.1 《练兵实纪》虎蹲炮设计图（a），分图（b）

注：该炮有两个支架，因此不需要炮车[①]

（1）不重视火炮各部尺寸的组合搭配，所制炮身与口径之比不合理，性能低。从出土实物铭文可知，明初直至清代火炮多以重量作为衡量性能优劣的依据，这远远没有以炮身与口径比例为主要性能参数科学合理。明朝火炮产量相当可观，铸造工艺也高，基本上形成了细长、短粗两种类型，但没有严格以口径为设计基准。尽管中国传统医学有“同身寸”概念，晋代裴秀把“分率”作为制图的六原则之首，在建筑设计方面宋代实行过“材分”制，但在中国古代火器制作中没有产生类似的“模数”（或倍径）概念。[②]

（2）明初以来火炮的最大缺点是铸造与使用无法，以致“重而难举，发莫能继”。这正如戚继光根据自己多年的实战经验指出的：

① 冯颖. 山海关长城博物馆藏明代火炮. 文物春秋，2018（2）：68-72. 该文讲：虎蹲炮亦称“三将军炮”，系嘉靖年间制造，为便于射击，在发射前将炮身用大铁环固定，立于地面，形似虎蹲，故名。山海关长城博物馆藏虎蹲炮炮身铸四道箍，无铭文；炮身总长（约，后略）51～74 厘米，膛长 40～50 厘米，口内径 6～8 厘米，口外径 11.5～14 厘米，箍间隔 6. 5～8 厘米，重 15～18 千克。每一门备石子、大铅子、生铁子、火药若干。

② 胡维佳. 中国古代科学技术史纲·技术卷. 沈阳：辽宁教育出版社，1996.

“旧有大将军（笔者注：最迟在元末，火炮被誉为“将军”“大将军”“夺门将军”等称号，表现出人们对火炮威力的尊崇）、发熕等器，体重千余斤①，身长难移，预装则日久必结，线眼生涩，临时装则势有不及，一发之后，再不敢入药，又必直起，非数十人莫举。”（《练兵实纪》）

（3）炮体主要以铜为原料制成，炮管显得单薄，多加强箍，有时箍很宽，弹药由前装，发射独弹和散弹，安全系数不能保证，至鸦片战争时这种局面还未根本改变。

（4）火炮发射时都有强大的后坐力，有时还会左右乱跳，或倒翻过来，严重威胁己方的安全。为克服这一缺点，人们便根据不同类型的火炮，有的在炮身上钉上铁爪，有的则在炮车上安装铁锚。但此措施并不能从根本上解决问题。

（5）出土实物和文献记载（如《武备志》《天工开物》）都可证明，明朝初期多数炮架是“搭木为架”的固定式，致使炮身难移，机动性不好，火炮也少有炮耳。中期以后仿照西洋，炮耳和机动性好的炮架才增多，但瞄准装置（如照门、准星）不普及，故命中率不高（图 2.2～图 2.4）。

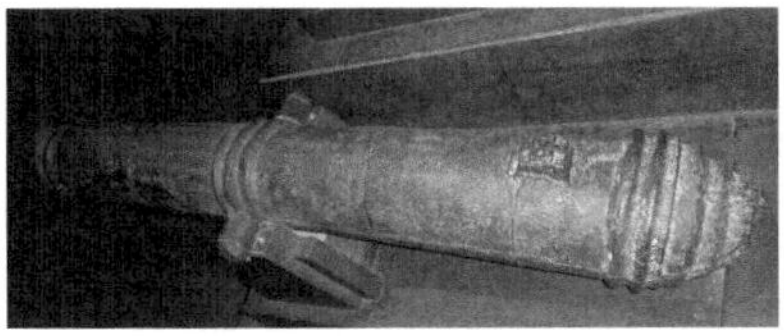

(a) 有炮耳

(b) 没有炮耳

图 2.2　中国长城博物馆展览明崇祯两门大将军炮（笔者摄）

① 本书“斤”一般为古斤，换算可参阅刘鸿亮. 中西火炮与英法联军侵华之役. 北京：科学出版社，2015.

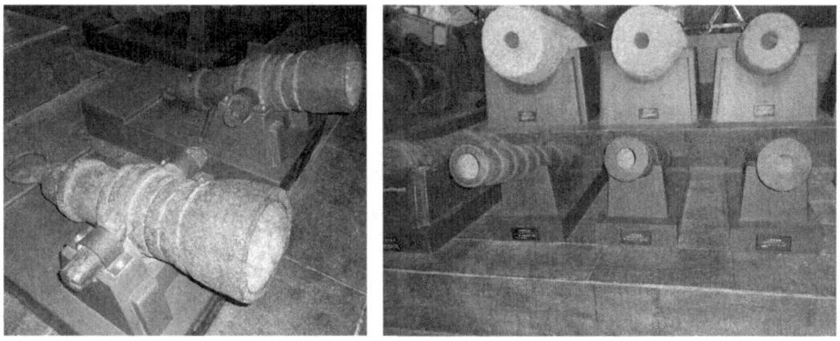

(a)　(b)

图 2.3　中国长城博物馆展览碗口铳及一些石炮（笔者摄）

(a)　(b)

图 2.4　山西博物院展览明洪武铁炮（笔者摄）①

六、明朝中期欧洲后装滑膛佛郎机炮技术的传华

13 世纪末到 14 世纪初，中国火器由阿拉伯人传入西班牙，尔后又从西班牙传到欧洲其他地区。中国模仿西洋火炮技术：16 世纪初期对技术含量不高的西洋佛郎机后装滑膛炮的模仿与推广，17 世纪初期对技术含量颇高的西洋加农炮的模仿与推广。在 16 世纪的大部分时间里，佛郎机炮是欧洲航海活动的流行炮种，西班牙在造炮方面有优势。各国制造的规格不同，后来装填弹药的位置已不

① 潘吉星. 中国火药史：插图珍藏版. 上海：上海远东出版社，2016. 口内径 21.6 厘米，全长 101.6 厘米。中部有两对耳柄，长 16 厘米，应是供搬运使用，而不是用于调整射击角度的耳轴。尾部略收，通身有 3 道环箍。铸炮地点是山西临汾的平阳卫，是著名的冶铁中心。

在后膛的底部，而在后膛的侧背，并且采用子铳预贮弹药，轮流装填，比中国原有的火炮提高了射速和射击精度。但它的口径较小，威力不大。后装式火炮与前装式火炮不同。前装式的主要缺点在于发射费时费力，火力不连续，给对方以可乘之机，贻误战机。后装式可称为初级速射炮，火药量少、威力小，但多少可弥补前装式的缺点，减少装填弹药的时间间隔，从而赢得战斗的主动权。不过，当时后装式火炮没有解决好闭气问题。在制造技术完善到能够解决闭气问题之前，前装式火炮是中国军队火炮的主要类型。

明朝嘉靖年间仿制佛郎机炮。“至嘉靖八年，始从右都御史汪鋐言，造佛郎机炮，谓之大将军，发诸边镇。佛郎机者，国名也。正德末，其国舶至广东。白沙巡检何儒得其制，以铜为之。长五六尺，大者重千余斤，小者百五十斤，巨腹长颈，腹有修孔。以子铳五枚，贮药置腹中，发及百余丈，最利水战。驾以蜈蚣船，所击辄糜碎。二十五年，总督军务翁万达奏所造火器。”（《明史·兵志》）

何儒等人的仿制显然是佛郎机炮传华重要的仿制活动，因其运用俘获的火炮和归化的旅葡华匠为仿制的基础，其成果开启了佛郎机炮配发明军的历史。而宁王朱宸濠在府邸私造佛郎机炮等小规模的仿制与之并没有直接的技术关联。然而，这些小规模的仿制，却能说明佛郎机炮的后膛装填技术特点受到了许多人的注意。①

不过，此炮式闭气性能差，射程较短。此外，炮管较短、所装弹药量少，口内径也小，“模数”设计不合理，杀伤力有限。明朝火器家们也曾以中国传统火器为基础，吸收佛郎机子铳和母铳分离的优点，创制出百出先锋炮、万胜佛郎机、无敌大将军炮、提心铳等。在明朝多管铳（如三眼铳）的基础上，吸收西洋鸟铳的优点，创出五雷神机、迅雷铳等。吸收佛郎机炮和鸟铳的优点，创制出掣

① 周维强. 佛郎机铳在中国. 北京：社会科学文献出版社，2013.

电铳、鹰扬铳等。不过，明朝对西洋佛郎机炮的创新缺乏强有力的发展动力，很快在和西洋殖民者的海上较量中败下阵来，这与兵器制造制度的弊端有关。

明朝的火器制造基本上由中央包办，乃籍各省工匠为匠户，分轮班匠与住坐匠两种。其中，轮班匠每三年赴京服役三个月；住坐匠每月上工十天，其余时间可自由支配。轮班匠经济能力较好者，可出银代役。整体技术发展较为迟缓。①

中国现存较早的铁芯铜体佛郎机炮，应是嘉靖年间由兵仗局制造。

七、欧洲前装滑膛加农炮技术传华

天启年间，随着欧洲制式前装滑膛加农炮的流入，明朝火器技术才又进入一个新阶段。欧洲铸炮匠工在 16 世纪中期对前装滑膛炮制式逐渐达成共识：若口内径为 a，口壁厚=$0.5a$，口外径=$2a$，炮耳处壁厚=$0.75a$，底径=$3a$。②

17 世纪的欧洲加农炮，在构造原理上已达到前装滑膛炮演变的较高阶段，在随后的两个世纪中，为适应陆上野战的需要，火炮朝着改善机动性的方向发展。

在 16～17 世纪，在殖民者侵略中国东南沿海过程中，前装滑膛炮传播到中国。相较明朝的传统火炮，这些装备具有十分明显的优势，第一是射程远。第二是口径大，一般为 11～13 厘米。第三是炮管长，3 米左右，意味着炮弹的初速高、威力大。第四是精度高，炮身重心处有炮耳，以此为轴，调整射击角度和火药用量，配

① 黄一农. 明清之际红夷大炮在东南沿海的流布及其影响. “中研院”历史语言研究所集刊，2010，81：769-832.

② 伯里. 新编剑桥世界近代史·第 10 卷·欧洲势力的顶峰：1830～1870 年. 中国社会科学院世界历史研究所组译. 北京：中国社会科学出版社，1999.

合准星和照门，达到精确射击的目的。第五是管壁厚，炮管从口到尾逐渐增粗，符合炮膛内压力由高到低的变化。当时称为红夷炮，一直到 19 世纪 70 年代是前装滑膛炮的主要样式。

《明史•兵志》记载："万历中，通判华光大奏其父所制神异火器，命下兵部。其后，大西洋船至，复得巨炮，曰红夷。长二丈余，重者至三千斤，能洞裂石城，震数十里。天启中，赐以大将军号，遣官祀之。崇祯时，大学士徐光启请令西洋人制造，发各镇。然将帅多不得人，城守不固，有委而去之者。"

明末澳门对荷兰制红夷炮的仿制，为广东尤其佛山造炮提供了参考范式。相较于佛郎机炮，明末红夷炮的制造技术含量更高。炮管口径的增大与炮身重量的增加需要各部位精确的比例设计、大型泥模铸造与不间断浇筑技术。多使用铁料替代铜料。

万历年间，葡人在澳门设立的铸炮厂，技师是葡人，而工匠主要来自闽粤。后期中国铸造师在此独立经营制炮作坊。当时澳门炮性能优异，威力惊人，行销亚洲、欧洲。①随着澳门铜铁炮制作日益精良，澳门铸炮厂选定的红夷炮范式，也成为佛山铸炮的范式。在明廷徐光启等朝臣的推动下，红夷炮被认为是歼虏第一利器。除了政府直接采购，徐光启还主持仿制。②西方传教士来华宣扬宗教之外，也带来了先进的火器技术。在多方参与下，火器领域的西器东渐逐渐开展。

图 2.5 是山东省济宁市博物馆展览的一门铁炮，在济宁本地铸造，纹饰与澳门博卡罗铸炮厂产品类同。③

---

① Boxer C R. Seventeenth Century Macau in Contemporary Documents and Illustrations. Hong Kong：Heinemann，1984；黄一农. 明清之际红夷大炮在东南沿海的流布及其影响. "中研院"历史语言研究所集刊，2010，81：769-832.

② 罗一星. 帝国铁都：1127—1900 年的佛山. 上海：上海古籍出版社，2021.

③ 陈一川. 葡萄牙人在中国铸成当时最强大的火炮，而今却静静躺在伦敦塔的一角. 雅筑Azuremyst，2018-09-21.

(a)　(b)　(c)

图 2.5　济宁市博物馆展览明崇祯铁炮的俯身（a）、徽记（b）、炮钮残留（c）（笔者摄）

清廷对西方先进火器及技术并未及时引进推广，而是对军火贸易严加管控。面对配载先进火器的西方船只的直接威胁，清廷一开始以起炮、控制泊船地来应对，通过封舱、断绝接济的手段解决冲突。[①]至鸦片战争前后，清朝通过洋商购买的洋炮主要来自葡萄牙、西班牙等与英国关系一般甚至敌对的国家，澳门是进口武器的重要窗口。[②]当时火器家丁拱辰、闽粤驻军研制的火药配方，效果较好。

八、红夷炮在明清的发展

明人首度接触欧洲前装滑膛加农炮，不会迟于万历年间。然而，其威力真正被明人认识，主要是天启年间荷兰在闽台沿海的骚扰，此先进火器与郑芝龙家族得以维系超过半个世纪之海上霸权有着密切关系。[③]

天启至崇祯年间沿海、京城对其仿制和量产，是一次发展高潮。如此快速的技术跟进和中国作为火器的发源地、拥有一定的技术基础是分不开的，另外，17 世纪末以前西方火器的创新多属经验

① 刘延华. 清代前期中国对外火器贸易简述. 中国社会经济史研究，2013（2）：28-33.

② 兴河. 天朝师夷录——中国近代对世界军事技术的引进（1840—1860）. 北京：解放军出版社，2014.

③ 黄一农. 明清之际红夷大炮在东南沿海的流布及其影响. “中研院”历史语言研究所集刊，2010，81：769-832.

性质，较易为技术落后者追赶上（图 2.6、图 2.7）。因此，在 17 世纪末期以前，中国火器和西方相比虽有差距，但可以较快弥补，并常能融合中西火器的长处，创造出性能更好的火器。①

(a)　　(b)　　(c)　　(d)

图 2.6　明末清初广东仿制的红夷炮（笔者摄）②

(a)　　(b)

图 2.7　山西省大同市博物馆展览红夷炮（炮耳残，笔者摄）

清军前期以锦州为火器制造基地，掀起了生产红夷火器的一次高潮。所铸成的“神威大将军”复合炮（图 2.8），已达到当时较高水平。

(a)　　(b)

图 2.8　故宫午门外展览 1643 年铁芯铜体“神威大将军”炮（笔者摄）

① 李婷婷，朱亚宗. 19 世纪中期：军事技术系统时代的开端. 自然辩证法研究，2009（9）：112-117.

② （a）（b）鸦片战争博物馆展览明末重型红夷炮；（c）（d）广州博物馆展览南明永历政权铸造的铁炮。

清军入关后，攻城略地，皆依赖火炮。但炮兵分散于八旗各部，不是独立兵种。顺治年间，为了镇压农民军和南明政权，是生产红夷火器的又一次高潮。康熙初年，因战事减少，造炮规模一度锐减。晚清为应付国内外战事，造炮势头不亚于晚明。

1674～1721年清廷中央制造大小铜铁炮约900门。此时中国的红夷炮在性能和制作工艺等方面发展到高峰。例如，1689年用青铜铸造"武成永固大将军"红夷炮，体形硕大，花饰精美，别具特色，代表了当时造炮的较高水平（图2.9）。①"二十八年造大炮六十一位，钦定名为武成永固大将军，重自三千六七百斤至六七千斤，长自九尺七寸五分至一丈二尺，膛口自三寸八分至四寸九分，用铁弹自十斤至二十斤，火药自五斤至十斤，铁轴炮车均全。"（《钦定大清会典事例·工部》）

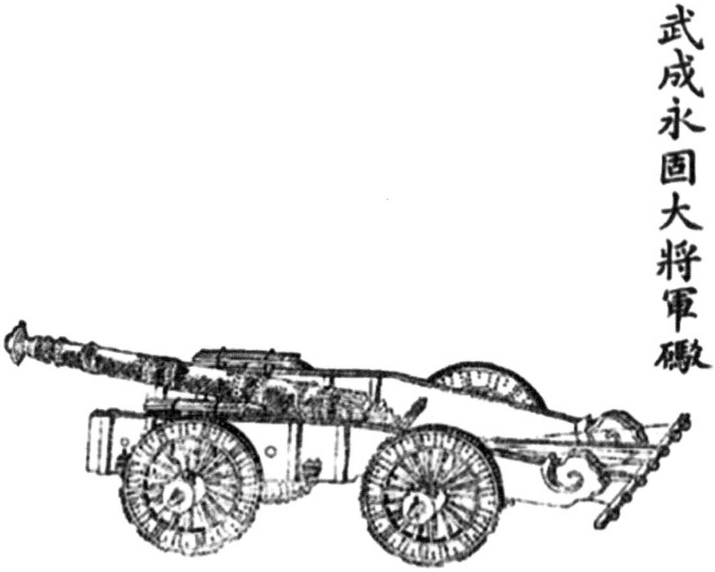

图2.9　"武成永固大将军"红夷炮及其四轮炮架图（《皇朝礼器图式》）

① 舒理广，胡建中，周铮. 南怀仁与中国清代铸造的大炮. 故宫博物院院刊，1989（1）：25-31.

铜炮膛径太小，这在 17 世纪时可以理解，且同时代的西方生铁加农炮也同样如此。但时至 19 世纪前期，欧洲因发生了工业革命，灰口铸铁产量大增，可以利用机械工具锻造口径很大的炮管，继而可以对炮管内壁进行镟、磨、削加工。而清朝因无工业革命，白口铸铁占主导，且缺少机械加工工具，炮管不易镟、磨、削，甚至有的省份铸炮之法业已失传，战事突起，临时仓促招募工匠铸炮，在这种情形之下，又谈何改进工艺，又怎能使大炮的各项尺寸保持一种比较精确的比例关系？于是，为了防止炮管炸裂，只好铸造得厚实一些，这样膛径小，容纳弹丸和装药的空间小。①

16～17 世纪，欧洲正在进行着军事变革。当时的国人对红夷炮以外的西方军事却很少关注，可谓与这次军事变革擦肩而过。②

17 世纪清朝的铸炮技术尚能与西方同步，且将火炮投入实战，尔后，炮兵实力至 17 世纪末达到顶峰。清廷与台湾郑（氏）军的陆海炮战，技术应代表了鸦片战争之前的较高水平。

在雅克萨之战时，清军投入的火炮数量占优势，其中最有威力的当属红夷炮，包括“神威无敌大将军”“神威将军”，为戍边发挥了重要作用。③“神威将军”可谓前者的“袖珍版”（图 2.10、图 2.11）。“本朝制神威将军炮，铸铜为之，前弇后丰，底如覆笠，重四百斤，长六尺七寸，不锲花纹，隆起五道，近口为照星，旁为双耳，中镌“大清康熙二十年铸造神威将军，用药八九两，铅子十八两，星高七分。制法官：南怀仁。监造官：法保、钱齐布、陶三泰、宁古塔吴喇代。匠役：李文德、颜四”汉文。”（《皇朝礼器图式》）

① 潘向明. 鸦片战争前的中西火炮技术比较研究. 清史研究，1993（3）：95-104.

② 皮明勇. 中国近代军事改革. 北京：解放军出版社，2008.

③ 张建. 黑龙江驻防火炮研究（1683—1860）. 北方文物，2015（1）：102-109.

(a)

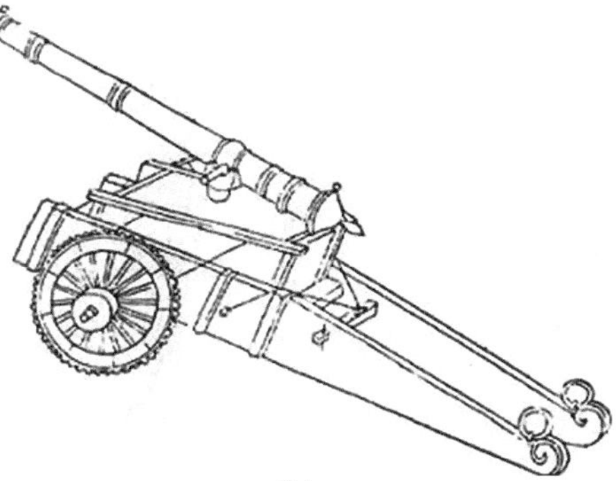

(b)

图 2.10　炮及炮架："神威无敌大将军"（a），"神威将军"（b）（《皇朝礼器图式》）

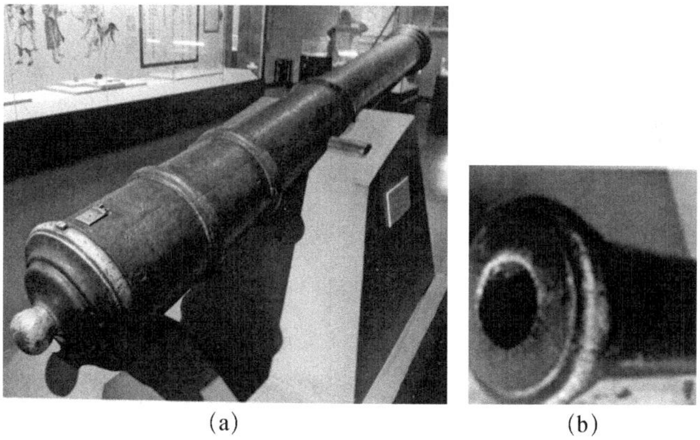

(a)　　(b)

图 2.11　黑龙江省博物馆展览"神威无敌大将军"炮（笔者摄）①

① 齐齐哈尔建华机械厂沙俄侵华史研究小组，黑龙江省博物馆历史部. 康熙十五年"神威无敌大将军"铜炮和雅克萨自卫反击战. 文物，1975（12）：1-5. 炮身保存完好，无炮车，炮口与底部正上方各有用以瞄准的"星、斗"。

1689 年《尼布楚条约》签订后，清廷虽然从一定程度上认识到列强的野心和实力，却忽视西方工业与军事技术的进步速度。[①]战后，清廷理藩院设“俄罗斯馆”，以待朝贡互市之人，仍将俄国人视为臣服大清天子的边荒蛮族。[②]

清朝在雅克萨之战后，陆续在黑龙江兴筑城防，建立八旗驻防，其中包括专攻火器的八旗汉军。为了在黑龙江维持一支堪用的炮兵，清朝不仅调整火炮种类，还设立一套包括操演、维修、更换的制度。凡此种种，均与“军事变革”之要素相符。然而，清朝像奥斯曼帝国一样落入技术革新的困局。

此后清朝火炮的发展趋向，呈现出由重到轻的发展趋势。后来，随着统治政权的渐趋稳固，清廷开始着力于垄断火器技术，不让民间和潜在的反对者掌握，致使火器技术停滞不前。康熙十九年，遣官分赴各省查验大小炮数，铁炮酌留，铜炮及多余铁炮运京。严禁私铸炮者。[③]

进入 18 世纪以后，清朝有一段相对安定的时期，铸炮技术亦因此停滞不前。雍正、乾隆时期火炮的制作量很大，京师各口、东北地区以及青海、甘肃进行了大规模的更换。这个时期统治者还比较重视火炮的作用，在强调“骑射”为国家根本的同时，也一再重申火炮是“军中最紧要之利器”。乾隆时期的火炮现存实物少（图 2.12），据文献分析，这一时期的火炮在制造技术、威力等方面不超过康熙朝的水平。[④]清军多装备子母炮等轻型火炮，如各省所造多为重 10 多千克的 2 人“抬炮”，少铸造大型火炮。到 19 世纪初，火炮制造更加衰落，以至鸦片战争时期，清军的火炮性能尚不及明末。黑龙江驻防的火器维持在 16～17 世纪的技术水准，维护制度

---

① 费正清，刘广京. 剑桥中国晚清史（1800—1911 年）. 中国社会科学院历史研究所编译室译. 2 版. 北京：中国社会科学出版社，2018.

② 郭晔旻. 雅克萨大捷：为 1840 年屈辱埋下伏笔. 文史参考，2011（20）：44-47.

③ 林铁钧，史松. 清史编年：康熙朝. 北京：中国人民大学出版社，2000.

④ 胡建中. 清代火炮. 故宫博物院院刊，1986（2）：49-57.

因款项支绌而废弛，与之密切相关的驻防体制也愈发缺乏生气，导致军力劣势。①

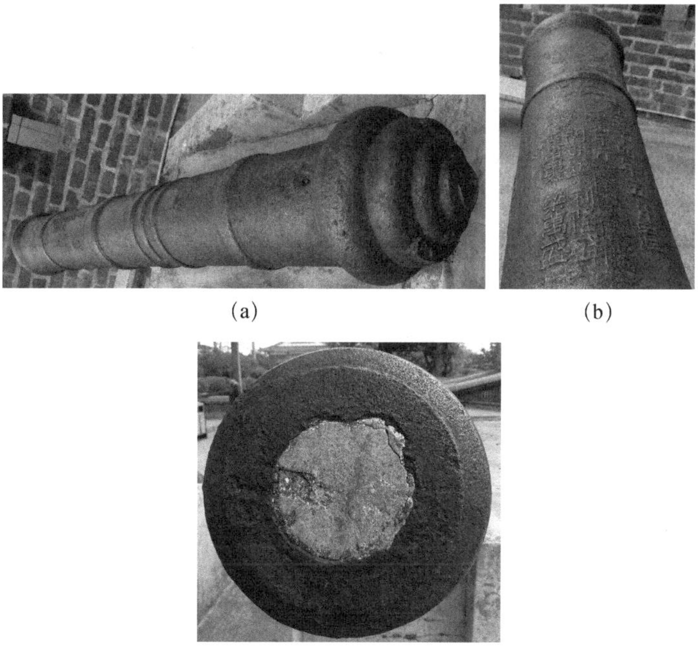

(a)　(b)

(c)

图 2.12　广州博物馆展览清乾隆佛山造铁炮（笔者摄）

九、红夷炮设计理念

中国封建社会重政务、轻工商技艺的主导意识使得设计活动长期融于感觉、经验和悟性的锤炼之中。这种社会意识形态限制了自然科学技术的发展，阻碍了人们利用实验、实证等科学方法去解决问题和开展创新设计。②西方的“模数”概念在中国古代火器制作中发展较迟滞。③

---

① 张建. 黑龙江驻防火炮研究（1683—1860）. 北方文物，2015（1）：102-109.

② 占炜，李朔. 丁拱辰设计思想探析. 艺术百家，2015（3）：212.

③ 胡维佳. 中国古代科学技术史纲 • 技术卷. 沈阳：辽宁教育出版社，1996.

明朝对火器倍径的认识随着佛郎机炮技术的传入萌发，但是没有形成理论体系，在主要的军事著作中缺乏体现。明末西方传华火器技术包含了很多方面，火器倍径技术是核心之一，此思想最终依托传教士传播到中国，提升了国人的火器技术知识。这可见于《西法神机》《火攻挈要》等著作，并且在明末军事实践中有体现，对明末以后的火器技术影响深远。①明末还引进了欧洲的加农炮技术，连同西方的“模数”知识。前装滑膛炮的内径即为口径，来复炮的口径须将膛线的沟槽排除。②清朝的一些火炮设计和材质见图 2.13、图 2.14。

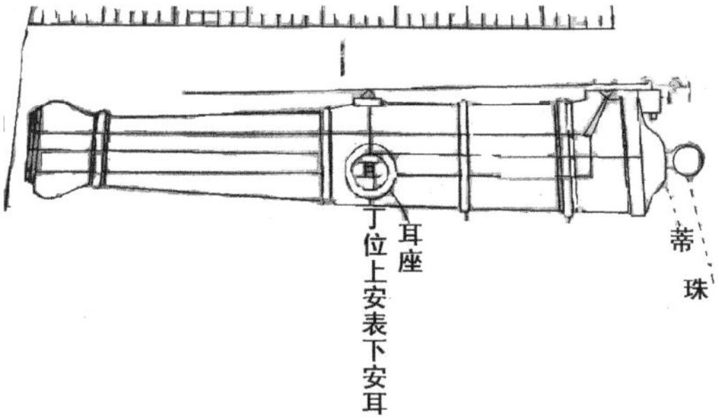

(a)

(b)

(c)

图 2.13　《演炮图说后编》火炮设计图，以及鸦片战争博物馆藏 19 世纪中叶佛山造火炮③及炮膛金相图

---

① 冯震宇，高策. 明末西方传华火器倍径技术应用及其影响. 山西大学学报（哲学社会科学版），2012（1）：12-16.

② 黄一农. 红夷大炮与明清战争. 成都：四川人民出版社，2022；水野大树. 图解火炮. 黄昱翔译. 新北：枫书坊文化出版社，2015.

③ 该炮炮钮铁棒暴露，药室大于弹室的特征明显。

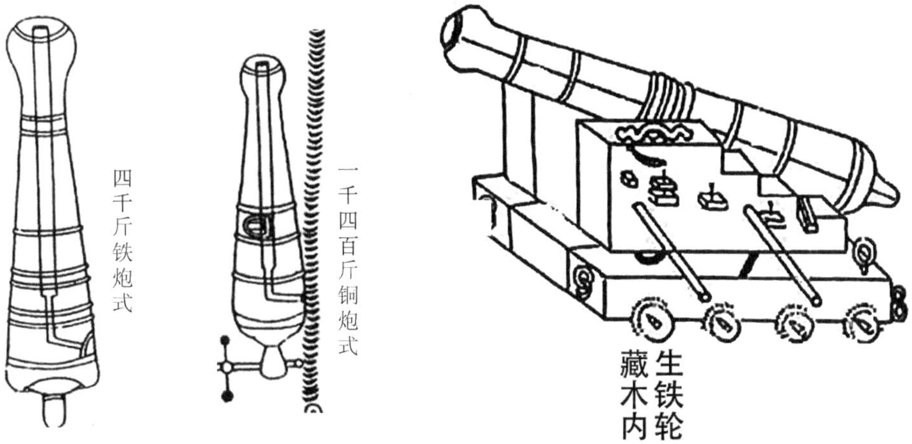

(a)　(b)　(c)

图 2.14　19 世纪中叶清朝红夷炮的炮形、炮膛、药室、火门管、炮耳、尾钮（a）（b），以及丁拱辰设计的旋转活动炮架（c）（《海国图志》）

十、明清包括红夷炮在内的制造制度

中国自秦汉以降，为防范可能发生的社会动乱，兵器制造没有像欧洲很多国家那样采取市场供求机制，而是官营。

例如，明朝长期将火铳的制造技术和操作方法列为军事机密，不允许更多的人了解和掌握，更不允许民间和地方官员擅自制造和随意使用。[①]至清朝，制定了详细的章程和条例，严禁私人擅自制造、销售与持有。《钦定大清会典·工部》载：火器分中央和地方制造两种，由内务府、工部、盛京工部、八旗军、各地驻军五个系统的军事手工业组成，各系统都要按清廷颁布的则例执行。清廷设立了火炮制造技术的总负责人，这是一个创举。康熙朝时，中央造

① 张志军. 论明代允许地方自己制造火铳的时间和地点. 宁夏社会科学，2004（2）：83-86.

兵机构进一步规范化，主要有养心殿造办处[①]和武备院（清朝内务府的统辖机构，与上驷院、奉宸苑统称“内三院”，主要负责为皇家制备兵仗器械）[②]，所制兵器称“御制”“院制”。

英法联军侵华之役中，法军在皇城北面发现了清人的兵工厂，克鲁勒记述道：大沽要塞的武器装备大概耗尽了这里的资源，只发现了一堆不值钱的锡钱和铜钱，想必是用来铸造火炮以增强战斗力的，因为中国仅有的 800 多门大炮都在要塞或战场上被缴获了。[③]

工部所造兵器称“部制”，八旗铁匠局所造兵器称“局制”。两机构主制铁炮，但质量较差。地方上由各省督抚报请，兵部定式与工部核销，待批准后，或命官监造，或由兵部委官、就地设厂制造。一般只能造冷兵器、火药、鸟枪和普通轻型火炮。制炮地点多在督抚所在地，或设在特定地点。

清嘉庆以前，火炮多由中央统一安排制造后，调拨给前线和各地驻军。统治者认为精良的火器，一般不准外地造。清嘉庆以后，战事重点已转移至东南沿海地区，火炮制造也随之转移至这些地区的铸炮局，铸造的火炮以重型岸炮和舰炮为多（图 2.15）。[④]即中央制造的火器越来越少，沿海省份制造的逐步增多。清道光以后，中央政府已不能左右当时火炮技术的发展，地方政府自行组织制造火炮。这导致地方制造的比例增加，种类繁多，质量参差不齐。

---

① 张学渝，李晓岑. 清宫造办处成立若干问题新探. 广西民族大学学报（自然科学版），2015（4）：6-12. 其成立背景有两个：养心殿的御制传统，康熙帝的“西学”活动。造办处从成立之初就身兼为帝王兴趣和帝王政治服务的双重任务。康熙朝造办处在匠人管理、机构设置上都不甚完善，但帝王亲自督导和帝王对西方技术的兴趣是这一时期的特点。

② 王景丽. 清代皇家武备院. 中国档案，2018（7）：84-85.

③ 克鲁勒. 进军北京. 陈丽娟，王大智，谭思琦译. 上海：中西书局，2013.

④ 胡建中. 中国清代皇家兵器特色. 紫禁城，2007（11）：32-113.

(a)　(b)

(c)　(d)

图 2.15　浙江省宁波市安远炮台清道光红夷炮（笔者摄）①

十一、鸦片战争时期清朝红夷炮身设计的微小进步

时林少穆来浙，出前明焦勖所葺泰西汤若望造炮之法，分火攻挈要、秘要二卷，总名之曰《则克录》。其论筑台砌窑建模诸法，似不若中国较为简便……如铸铳，分战攻守三等，铳身之上下长短厚薄，各有所宜。其言曰西洋铸大铳，必依一定真传，比照度数，推例其法，不以尺寸为则，只以铳口空径为则……战铳空径三寸起至四寸止……予得此书后，与龚具丞互相起发，颇得神器三昧。用夷炮推放斤两尺寸，按原炮加一倍，自二三四倍以至九倍，均可照算。先就夷炮用加一倍，加二倍之法，作模试铸，可抵旧炮五千八千斤之用。(《海国图志》)

鸦片战争前后，为了抗击以英国为代表的欧洲侵略军，除朝廷统一制造火炮外，沿海各省也制造了很多。改变了康—乾时期由重

① 炮口至炮耳 1.1 米，口内径 11.5 厘米，口外径 25.4 厘米，耳长 14 厘米。

到轻的趋势，重新发展重炮（图 2.16）。这是清朝红夷火器生产的一次高潮。这些重炮虽名号众多，但均依红夷炮制式，设计和制造技术未有大改进，不仅与同时期西方先进火炮不能相比，而且有些技术较明末清初有退步。由于火炮重量、样式多而杂，制作不规范，炮弹难与之对应，操作艰难，影响威力的发挥。广州虎门要塞各炮台配置的火炮具有代表性，基本上反映了当时沿海炮台所用海岸炮的状况。此处许多重炮是林则徐等设法从西方国家（如葡萄牙）购置的，是发射球形炮弹的前装滑膛炮。

(a)　(b)

图 2.16　辽宁省旅顺博物馆展览清道光火炮（笔者摄）[①]

火炮设计的“比例”在《演炮图说辑要》《海国图志》《火器略说》中都有论述。《演炮图说辑要》详析了炮弹与炮体之重，弹径、口内径、药室径的比例关系。清朝在 19 世纪中叶所造炮体虽大，但口内径相对很小，此特征具有普遍性。龚振麟评论：“是以炮体大而膛口亦大，故可用数十百斤封门之弹。不然则炮体蠢然重滞，炮口窄不容权，徒有数千斤之名，虽食药多而子力不称，安望其致远乎？若谓前法膛大墙薄，有炸裂之虞，盖未细推耳。”（《铸炮铁模图说》）

① 炮口至炮耳 2 米半，耳长 15 厘米，口内径 20 厘米，口外径 44 厘米。中国人民革命军事博物馆和旅顺南子弹库各展览 1 门，数据类同。

清朝主导型前装滑膛红夷炮趋向重型乃至巨型方向发展（口内径有达 33 厘米的）。清军火炮多以斤数作为衡量其技术优劣的依据。有奏章言道："今之言炮者，皆计炮身之轻重，以定其能否摧坚，而不计膛口之大小与炮弹之是否圆活，安设之是否得地，是但知其体而不知其用。"①《钦定大清会典》载：凡制造火器，大者曰炮，重自 560 斤至 7000 斤，轻自 390 斤至 27 斤。

从《演炮图说辑要》记载的清朝火炮各部数据可知，炮管较长，膛壁较厚，功能以防御为主。后来，清军也按炮（膛）口之例设计火炮。《演炮图说辑要》中说：弹则照所配合膛口之例。

当然，清人也在吸收国外制炮的先进经验，有轻型洋式火炮，尽管不占主流地位（图 2.17～图 2.21）。英军在上海发现的兵工厂里有一些全新的 12 磅（1 磅≈0.4536 千克）弹炮，是按照放在旁边的有王冠徽记洋炮仿制的，式样相同，区别是中国字代替了王冠。②

至英法联军侵华之役，清军用以御敌的火炮多是重炮或巨炮：其形制类似于西洋 17 世纪的火炮，炮身又大又重，用黄铜、铸铁、紫铜等制成。数量多，但炮架没有轮子或升降的设备。③例如，当时广州一处要塞装备了 80 多门炮，比欧洲火炮都大，其中一门黄铜大炮重约 12 吨。④由清军重炮或巨炮的各部数据可知，炮身较长，膛壁偏厚。

---

① 中国第一历史档案馆. 鸦片战争档案史料（I～VII）. 天津：天津古籍出版社，1992.

② Loch G G. The Closing Events of the Campaign in China：The Operations in the Yang-Tze-Kiang；and Treaty of Nanking. London：John Murray，1843.

③ Heath I，Perry M. The Taiping Rebellion 1851-66. Oxford：Osprey，2010.

④ 沈弘编译. 遗失在西方的中国史：《伦敦新闻画报》记录的晚清（1842～1873）. 北京：北京时代华文书局，2014.

(a)

(b)

图 2.17　英国伦敦伍尔维奇的皇家炮兵博物馆展览清军 18 磅弹炮（梅建军摄）

注：炮架属于俄式；该馆已关闭

(a)

(b)

(c)

图 2.18　湖南长沙天心阁展览清咸丰湖南巡抚骆秉章命人造的“红袍大将军”炮（笔者摄）[①]

① 底径 40 厘米，耳长 16 厘米。

(a)

(b)

(c)

图 2.19 福建厦门市博物馆展览清咸丰仿洋炮式红夷炮及炮口金相图（笔者摄）①

(a)

(b)

图 2.20 天津大沽口炮台遗址博物馆展览红夷炮（笔者摄）

---

① 炮口至炮耳 82 厘米，底径 36 厘米，耳长 10 厘米。

(a)　(b)

图 2.21　南京博物院展览 1860 年造红夷炮（笔者摄）

第二节　清朝炮制的局部特征

清朝主导型红夷炮由于从（炮）口至底渐粗，火炮射击的中心线与目线并不平行，平射瞄准时会产生高越现象。西方炮术家于是发明星斗以解决此问题，即在口箍之上立的星表（准星、立表）和在炮底正上方安装的照门。鸦片战争时期，清朝火炮瞄准装置一般前设准星，炮腰上方装有凹形的竹片，或在炮底上安一块有圆孔的铁皮，再利用炮身范线，按三点一线的原理发射火炮。战争后期，清军也仿照英军铁炮立表的方法发射炮弹。（图 2.22～图 2.26）《海

(a)　(b)

图 2.22　江阴军事文化博物馆展览清道光“振武将军”铁炮（笔者摄）①

① 其立表、照门与瞄准范线明显。口内径 13 厘米，口外径 35 厘米，底径 45 厘米。

国图志》：“至于旧法测视数端，有用锡片钻三空，安在炮尾上面窥之者。有用木板二片各开两空，前后悬葫芦者。有或悬垂珠，分安前后，二形相切，对线演放者。此二式谓之星斗，仅可以定偏正，而不可以定高低。惟（唯）有用竹管窥者，不拘定对靶，能知变通，上中下转移，斯可权用。”

(a)　(b)

图 2.23　广州博物馆展览清道光佛山造铁炮及炮口金相图（笔者摄）①

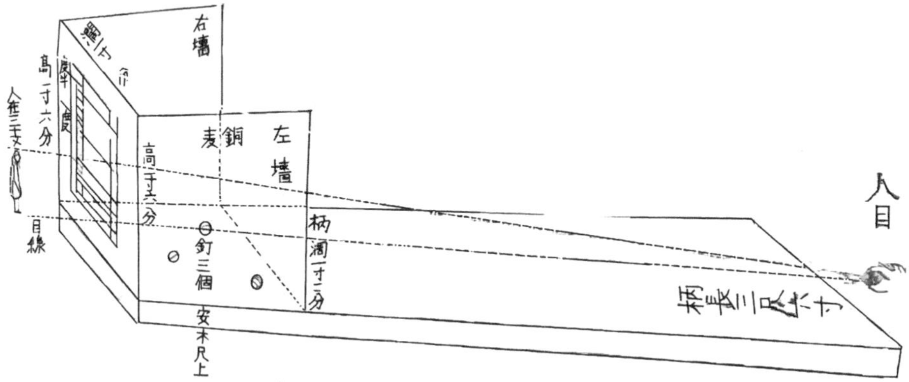

图 2.24　《演炮图说后编》测量远近示意图

① 瞄准范线明显。炮口至炮耳 144 厘米，炮口至火门 247 厘米，口内径 20 厘米，口外径 37 厘米，底径 54 厘米。

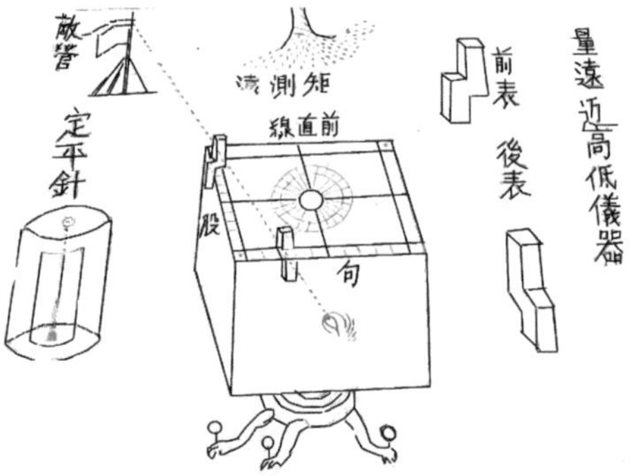

图 2.25　《演炮图说后编》量远近高低仪器

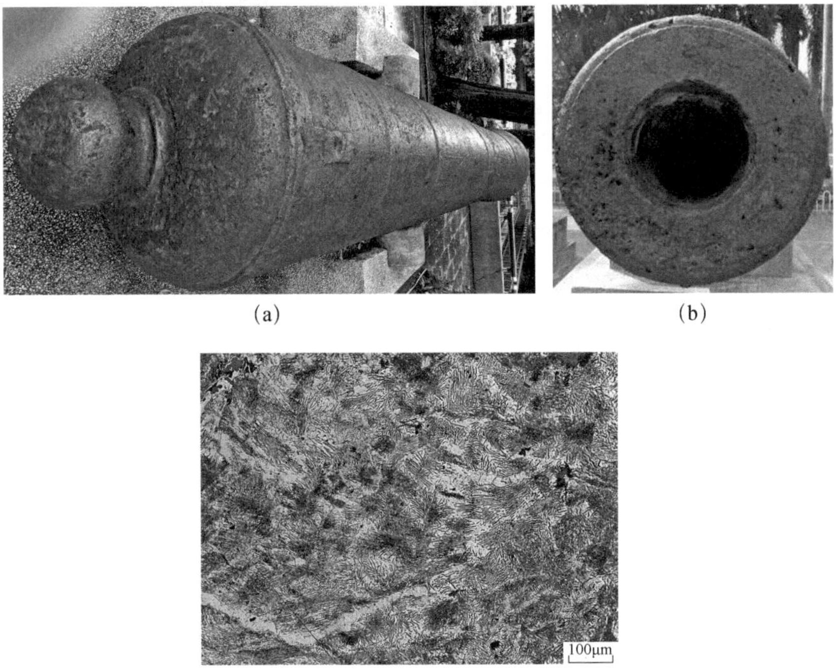

(a)　(b)

(c)

图 2.26　鸦片战争博物馆展览清道光佛山造火炮[①]及炮身金相图（笔者摄）

但是，清军火炮射击精度在实战中普遍不好。一则清军炮身和炮弹的机械制造技术未规格化，内膛不光滑，蜂窝与气眼较多，为

① 口内径 21 厘米。

保证炮弹顺利发射，火炮的游隙值必然增大，炮弹在炮膛内跳动，准确地射击难乎其难。二则战争期间，机动性差的海岸重炮对付移动不已的英军战船，射击精度不会很好。三则炮架机动性差，直接影响射击精度。四则发射辅助工具缺失。红夷炮施放辅助工具复杂，大致有炮车、铳规、望远镜（图2.27）等。由于红夷炮是锥形炮身，所以瞄准线难以和轴线平行，要利用这个误差计算出各种情况下的详细仰角，必须利用重差术的原理算出射程，尔后编成“炮表”，供炮手实弹射击使用。但是，测量火炮发射角的铳规，清军多缺乏或不会使用，也没有“炮表”可供参考。《演炮图说辑要》：清军演炮并不加子施放，以致准头远近、星斗高低，官兵茫然不知。炮位堪用与否，炮手亦不谙练。

图2.27 鸦片战争博物馆展览清朝单筒四节伸缩铜望远镜（笔者摄）[①]

当然，清军也有改进措施，如利用瞄准器、象限仪（图2.28），以提高火炮的射击精度。清军火炮射击精度差与铸炮无法、训练荒疏密切相关。因此，西方的立表瞄准装置难以在清军炮上发挥作用。

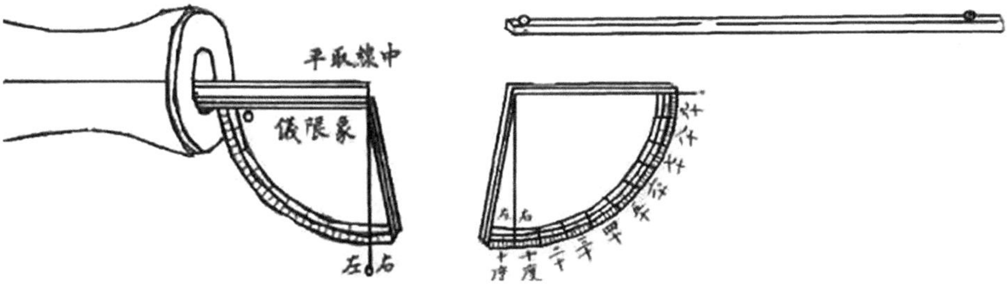

(a) (b)

图2.28 清军炮用象限仪（《海国图志》）

① 分四段铸造。目镜直径0.9厘米，物镜直径3.2厘米，收起长度21.3厘米，伸展长度57厘米。

《演炮图说辑要》中有红夷炮附件图及用法。诸如装铁弹的竹篮、装药袋的木桶、送药钩、铁铲、铁圈、点火用的火龙鞭等。这些附件主要起稳定炮位，装填、施放弹药，苫盖、保养火炮的作用。

鸦片战争前后，清军用火绳点火发炮。火绳一般用麻绳经药水（硝酸钾溶液等）浸泡、晾干而成，也有用榕树等树根制成。清军火绳一般由兵丁自备（关天培《筹海初集》）。

清军火炮火门（图 2.29）常用熟铁缠丝钻就，因为白口铸铁炮体性脆且硬，不能在上面钻孔形成火门，只能用可加工的熟铁和低碳钢单独制作。制作相对应的两个引门，可应对一引门造坏或被打坏。

(a)　(b)

图 2.29　江苏省南京静海寺纪念馆展览清朝红夷铁炮（笔者摄）[①]

清末西人破坏清军沿海炮台，除拆毁台基外，将好炮尽量俘获走，运不走的断耳轴，毁准星、照门和尾球冠等，使火炮失去平衡性、稳定性及准确性，成为废炮（图 2.30）。如中英虎门之战，英军毁坏大炮的方法是击去双耳，再把一个包着湿帆布的炮弹从炮口敲进去。[②]两江总督耆英奏：铜者皆为掠去，铁者或敲断两耳，或钉塞火门，并闻有推堕海中者，其尚堪选用之炮业已寥寥无几。[③]

① 炮口至炮耳 62 厘米，炮口至火门 83 厘米，口内径 9 厘米，底径 28 厘米，耳长 10 厘米。

② Bingham J E. Narrative of the Expedition to China，from the Commencement of the War to Its Termination in 1842. London：Henry Colburn，1843.

③ 中国第一历史档案馆. 鸦片战争档案史料（I～VII）. 天津：天津古籍出版社，1992.

图 2.30　鸦片战争博物馆展览残炮（笔者摄）

清朝炮身铭文多记载炮名、年款、监造官员、工匠，造炮时间、地点，炮重、身长、口径、装载的弹药量等信息。其铭文具有炫耀、叙功、追责和操炮方便等功能。佛山是广东制炮集中的区域（图 2.31、图 2.32 是两门佛山造铁炮）。1842 年中英吴淞之战，清军炮身很长，比欧洲同样口径炮用的金属多。炮名被西人理解为“强盗的审判、蛮夷的驯服者和征服者”，还有 1 门炮名字被理解为“蛮夷”。①

(a)

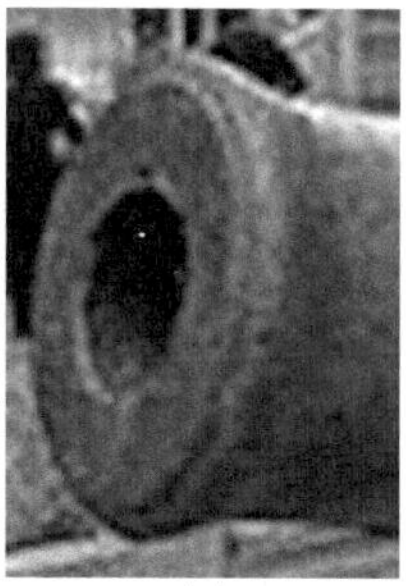

(b)

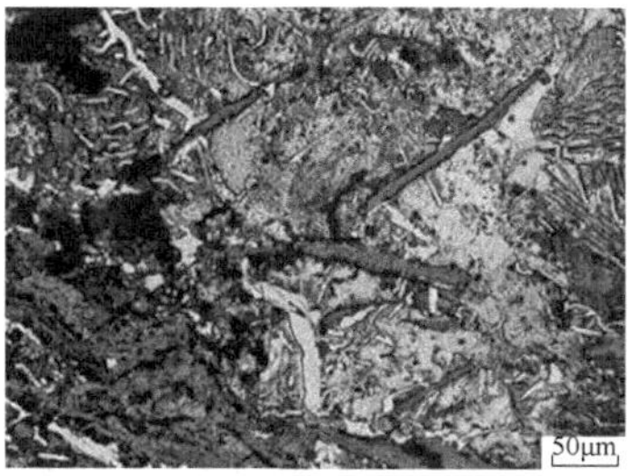

(c)

图 2.31　广东省佛山祖庙展览清道光佛山造铁炮及炮口金相图（笔者摄）②

① Loch G G. The Closing Events of the Campaign in China：The Operations in the Yang-Tze-Kiang；and Treaty of Nanking. London：John Murray，1843.

② 炮口至炮耳 143 厘米，炮口至火门 240 厘米，口内径 18.5 厘米，口外径 37 厘米，底径 57.5 厘米，耳长 23 厘米。

(a)　(b)　(c)

图 2.32　鸦片战争博物馆展览清道光佛山造铁炮及炮身金相图（笔者摄）①

鸦片战争后，清廷开始对包含长江口在内的沿海防务进行亡羊补牢。江苏管理炮局造了十数门万斤重的“耀威大将军”炮（图 2.33）。此炮体为两层复合，内层或为厚 1.8 厘米的熟铁，外层为厚 15.2 厘米的生铁。当时还铸造另一批“振武将军”铁炮。道光二十三年（1843 年）长江边修筑炮台，配置江苏管理炮局造的“耀威大将军”“振武将军”炮数十门。②

清军铁炮的尾钮（图 2.34、图 2.35）起平衡、稳定及准确的作用，有的是在炮尾铸上圆球状的尾钮，后来也开始仿制英军舰炮尾部形制。③

---

① 炮口至炮耳 140 厘米，炮口至火门 238 厘米，口内径 16 厘米，口外径 50 厘米，底径 55 厘米，耳长 17 厘米。

② 黄一农. 红夷大炮与明清战争. 成都：四川人民出版社，2022.

③ Cunynghame A. The Opium War：Being Recollections of Service in China. Philadelphia：G. B. Zieber，1845.

(a)　　(b)

(c)

图 2.33　江苏省江阴市小石湾古炮台清道光“耀威大将军”复合炮及内膛金相图（笔者摄）①

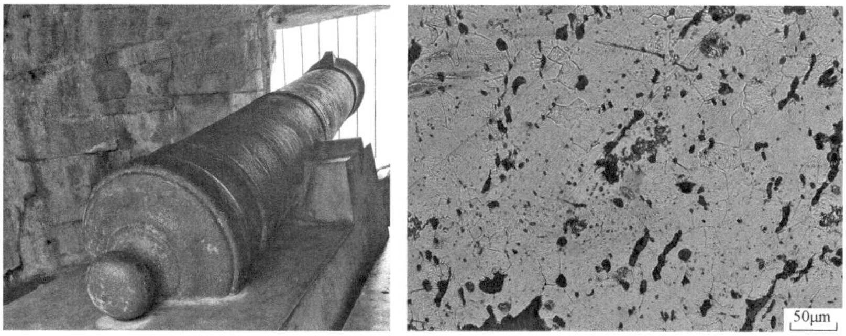

(a)　　(b)

① 此处的 4 门与南京博物院展览的 1 门，数据类同。炮口至炮耳 185 厘米，炮口至火门 288 厘米，口内径 18 厘米，口外径 52 厘米，底径 70 厘米，耳长 24 厘米。

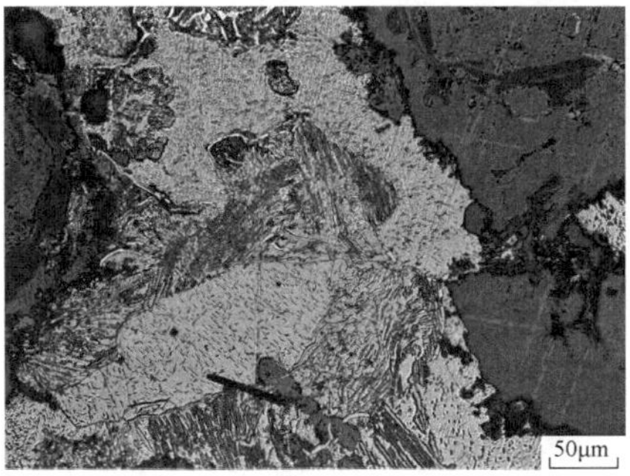

(c)

图 2.34　广东虎门威远炮台展览清道光火炮及金相图：
火门（b），炮口（c）（笔者摄）①

图 2.35　长沙天心阁展览清咸丰“红袍大将军”炮②（笔者摄）

山海关地区遗留的明清古炮很多。图 2.36 火炮原先设防在山海关石河口炮台，后在中国人民革命军事博物馆展览。炮口处明显可见内外两层炮体。

鸦片战争博物馆展览有鸦片战争时期的虎门海防炮，有加强箍，损坏的尾钮装置依稀可见。鸦片战争期间，龚振麟发明铁模铸炮，模仿英军卡隆（或译作卡龙、卡伦）炮样式，采用了舰炮的尾钮装置（图 2.37～图 2.39）。

① 炮口至炮耳 190 厘米，炮口至火门 316 厘米，口内径 25 厘米，底径 73 厘米，炮耳残。
② 底径 40 厘米，耳长 14 厘米。

(a)

(b)

图 2.36　中国人民革命军事博物馆展览清道光“红衣将军”炮（笔者摄）①

(a)

(b)

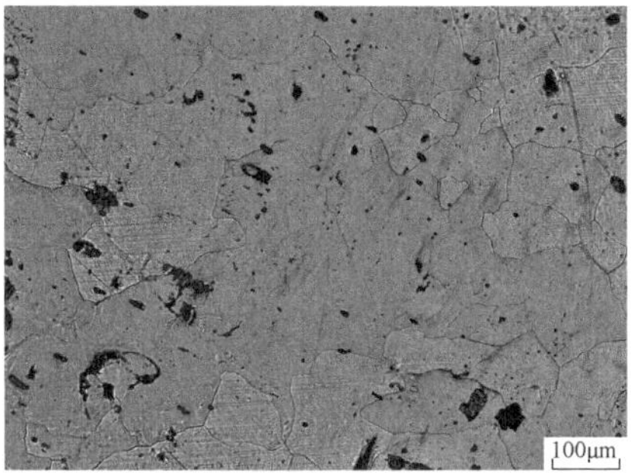

(c)

图 2.37　鸦片战争博物馆展览 19 世纪中叶清朝海防铁炮及炮箍金相图（笔者摄）②

① 炮口至炮耳 181 厘米，炮口至火门 260 厘米，口内径 14.5 厘米，口外径 41 厘米，底径 62.5 厘米，耳长 21 厘米。

② 炮口至炮耳 147 厘米，炮口至火门 244 厘米，口内径 15.5 厘米，口外径 38 厘米，底径 51 厘米，耳长 16 厘米。

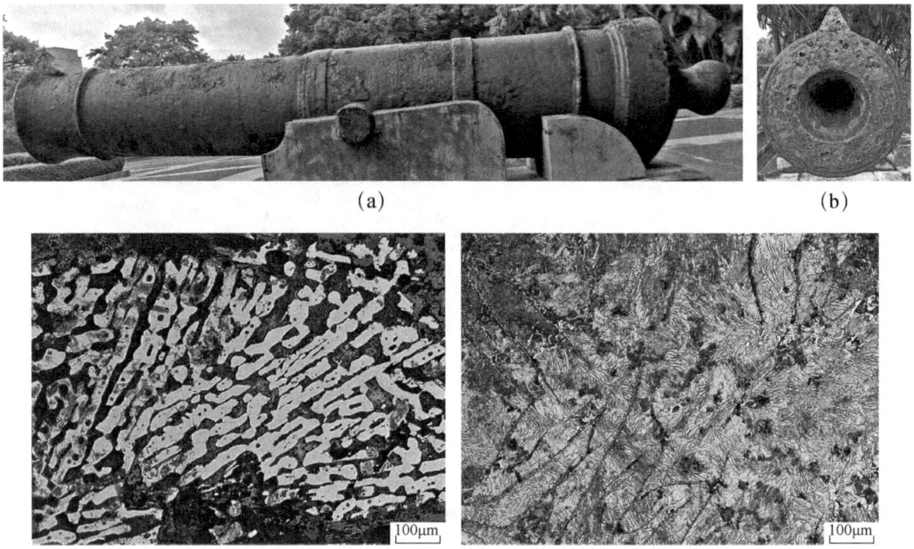

(a)　(b)

(c)　(d)

图 2.38　鸦片战争博物馆展览清道光佛山造铁炮及金相图：
火门旁炮身（c），炮耳（d）（笔者摄）①

炮和火药的构思起源于中国，明朝开始模仿西洋火炮技术。明末在澳门引进了欧洲的加农炮技术，开始接受西方造炮设计的“模数”思想。清乾隆《钦定工部则例·造火器式》将 85 种火炮、10 多种鸟枪列为制式武器。当然，并非所有部队都有复杂多元的枪炮配置。清朝除中央统一制造以红夷炮型为主导的火炮外，沿海各省也制造了不少火炮。康—乾时期由重到轻的趋势后来改变，重新发展重炮。火炮威力与重量无必然关系，是由技术等因素决定的。技术要求一般包括战斗、勤务和经济三个方面。其中，战斗要求是火炮技术要求的主要方面。火炮技术包括材质、形制、制作、炮弹、火药等要素。火炮技术不同导致性能各异。火炮性能主要由射程、射速、射击精度、杀伤力等构成。明清火炮可按照长度和重量分类，

① 炮头上有立表。炮口至炮耳 160 厘米，炮口至火门 265 厘米，口内径 22 厘米，口外径 47 厘米，底径 75 厘米，耳长 20 厘米。

如分为台炮、船炮、行营炮三种，行营炮轻于船炮，船炮又轻于台炮。清朝火炮以广炮较好，而广炮主要在佛山铸造，代表了当时中国铸炮的较高水平。中国错过了蒸汽时代的发展契机，火炮质量与同期西洋炮相比逊色不少。当然，清人也在吸收西洋制炮的先进经验，火炮有向轻式和洋式发展的倾向。

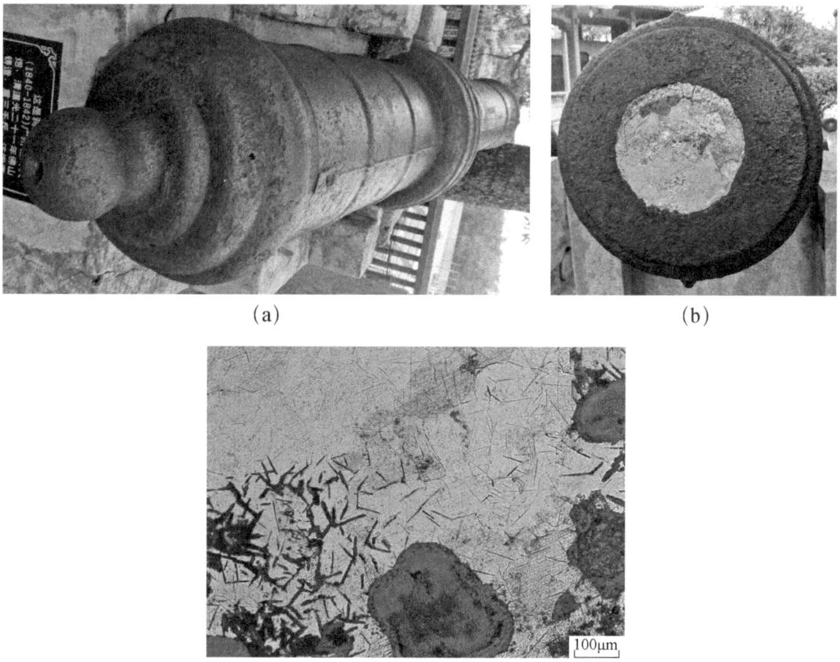

(a)　(b)

(c)

图 2.39　广州博物馆展览清道光佛山造火炮及炮尾金相图（笔者摄）①

① 当时广州重要的城防大炮之一。炮身中部上壁很厚，加固并起瞄准线的作用。炮口至炮耳127厘米，炮口至火门213厘米，口内径18厘米，口外径33厘米。

第三章　13～19世纪中国火炮材质的变迁[①]

火炮材质对射程、射速、机动性、射击精度及杀伤力等方面有重要影响。以往研究者从火器发展的文献和实物资料中对中英火炮的材质、技术做了不少研究。鸦片战争前后中西铜炮金相尚无明显差距，故以下内容主要虑及当时占压倒优势的铁炮。新史料和出土实物为火炮研究提供了广阔空间，本章通过实地调查中英火炮和金相分析，从科学技术史的角度对中英铁炮技术优劣的原因进行了研究，找出此时期中英铁炮在材质，铸造、加工技术等方面的差距，探讨铁炮材质、性能和作战效用之间的辩证关系，为深入研究鸦片战争前后的火器史、军事史及技术社会史打下基础。

第一节　鸦片战争前后中国火炮材质概况

自元代至明正德时期，是中国传统铳炮的产生和发展期，其时青铜炮占据主流。自明朝以后，中国火炮小者多用铜，大者多用铸铁，也有少量用熟铁锻造而成。从明嘉靖时期至清末，主要仿造欧洲传来的火炮，其时由于铁炮的发展，铜炮渐趋衰落。至19世纪中叶，为抵御西洋侵略军，赶造了一些重炮，皆是康熙朝红夷炮的旧制，不同的是，多以铸铁造。[②]《钦定大清会典·军器》载："清军凡制造火器，大者曰炮，其制或铁或铜或铁心铜体或铜质木镶或

---

① 刘鸿亮. 中英火炮与鸦片战争. 北京：科学出版社，2011.

② 钟少异. 中国青铜铳炮总叙. 中国历史文物，2002（2）：18-25.

铁质饰金。”

明清火炮的材质主要有熟铁、生铁、低碳钢、青铜、木等，每种材质各有一定的优缺点。在 19 世纪中叶，清朝火炮以铸铁炮、青铜炮（有时称为黄铜炮）为主。清朝战船上的重炮主要是铁炮，轻炮中有不少铜炮。至于清朝岸炮，铁炮占压倒优势。

生铁材质较硬，但是韧性差、脆，不耐腐蚀。熟铁虽较生铁有韧性，但也不耐腐蚀（图 3.1）。铁价贱，铜价贵；铁性本刚，铜性本柔。青铜虽然韧性好、耐腐蚀，但是不够坚固，因此也称不上完善。青铜炮管比较软，多次发射圆形炮弹容易变形，因此不适宜制造重炮。

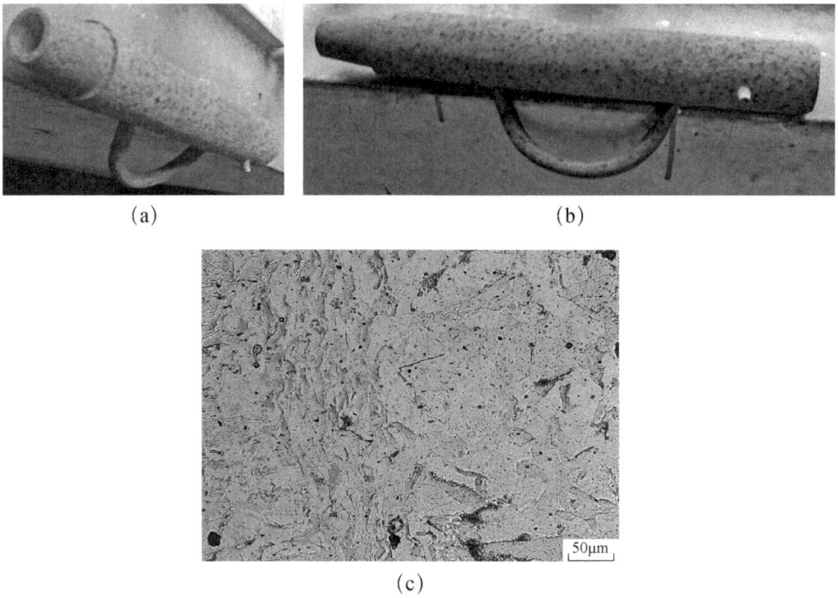

图 3.1　广东省封开县博物馆展览 19 世纪中叶清朝子母炮及炮尾金相图（笔者摄）

注：口内径 7 厘米

据《广东海防汇览》：铸熟铁炮，净重 1 单位需荒铁 4 单位；铸生铁炮，净重 1 单位需荒铁 1.3 单位；铸造铜炮，净重 1 单位需铜 1.1 单位。所谓“荒铁”应指含杂质很多的生铁。从荒铁到熟铁不仅要去除更多杂质，还要脱碳，精炼是一种有效方法。锻造熟铁炮可能采用了百炼钢工艺。《演炮图说辑要》：铸炮宜用好铁，锻炼使其纯熟洁净，就紧一气倾注入模，庶得坚实，不起蜂窝。《海国图志》：“……小炮可容大弹之法，不用铸造而用打造，不用生铁而用熟铁，方能使炮身薄而炮膛宽。缘生铁铸成，每多蜂窝涩体，不能光滑，难以铲磨，故弹子施放，不能迅利。”从晚明到晚清，闽粤工匠强于铸炮，聘用广东工匠铸炮成为各省面对西洋威胁时的一种选择。

铜炮（图 3.2）性软而价贵，且演放易热。早期受限于冶炼温度与技术条件，火炮以铜材质占主流。[①]

(a) (b)

图 3.2 南京市太平天国历史博物馆展览铜炮（a）[②]，以及中国人民革命军事博物馆展览太平天国时期铜炮（b）（笔者摄）

《海国图志》还记载了木炮：用坚木为之，长丈二尺，膛三寸，外围口厚三寸，底厚五寸，形式一切如铁炮之式。剖木心，两面合成，周围用铁觚十三圈，铁圈外再用毛竹包裹，以麻绳绞固，装药斤许，或装大铁弹一枚，或装铁条十余皆可。共重百余斤，四人六人皆可抬放。每炮可连放数次，每放一次，刷矾水一次，即所谓抬

① 水野大树. 图解火炮. 黄昱翔译. 新北：枫书坊文化出版社，2015.

② 口内径 7.5 厘米。

炮也。或施于山谷之战，或沙漠难运重炮之地，似较铁炮为便利。

木炮虽可使用，却很难通过战场的严酷考验。英法联军侵华之役中，清军将性能良好的大炮转移到大沽口，而留在北塘的是一些木制大炮，外面用铁圈和牛皮包着。①英法联军在北京城墙上也发现了木制大炮，但是套着铜外套，乍看起来像都是金属制造的。②民国时期仍然制造木炮（图 3.3）。

(a)

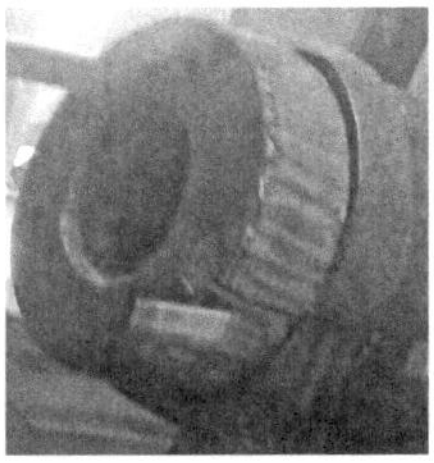

(b)

图 3.3　福建省龙岩市中央苏区（闽西）历史博物馆展览大革命时期木炮（长约 2 米，笔者摄）

鸦片战争前后，清军有大子母战铳（大佛郎机）、轻型守铳、威远炮、虎蹲炮等。熟铁需消耗数倍原料，损耗极大，且工艺复杂，制作加工难。锻造熟铁炮的另一弊端是锻接处日久开裂，影响使用与威力施展。1860 年左右，京城汉八旗存储的部分熟铁炮重量低于 100 千克。③

第二节　中英铁炮材质的种类

一、清军铁炮的材质④

清朝沿海及内陆的一些省份旧式火炮多为泥模铸造，新造火炮

① 沃尔斯利. 1860 年对华战争纪实. 江先发，叶红卫译. 上海：中西书局，2013.

② 斯温霍. 1860 年华北战役纪要. 邹文华译. 上海：中西书局，2011.

③ 彭泽益. 中国近代手工业史资料（1840—1849）. 北京：中华书局，1962.

④ 刘鸿亮，孙淑云. 鸦片战争时期中英铁炮材质的优劣比较研究. 清华学报，2008（4）：563-598.

少部分用铁模铸造或复合层的造炮工艺。

铁可分为熟铁和生铁（也叫铸铁）。熟铁含碳量小于 0.02%，比较柔软，易于锻造，但产量低、成本高。生铁含碳量大于 2%，一般分为白口铸铁、灰口铸铁、麻口铸铁、可锻铸铁等。白口铸铁的碳主要以渗碳体形式存在，断口呈银白色，质硬且脆，不易进行机械加工。灰口铸铁的碳主要以片状石墨形态存在，断口呈暗灰色，质地较软，可切削加工，铸造性能好，较耐磨。麻口铸铁介于白口铸铁和灰口铸铁之间，碳既以渗碳体形式存在，又以石墨状态存在，断口夹杂着白亮的游离渗碳体和暗灰色的石墨，呈灰色和白色相间。由于有渗碳体存在，其仍有硬脆性，但性能要优于白口铸铁。可锻铸铁也叫展性铸铁，是白口铸铁通过石墨化或氧化脱碳可锻化处理，石墨呈团絮状，从而得到的一种有较高韧性的铸铁。

古文献中的材质名称有的与现代称呼类同，如生铁、熟铁、白口铁等，有的则须深入研究。《火器略说》：历来营局所造大炮，俱用生铁，性质坚刚，铸成之后，不得打磨，不可钻锉，其炮体既已粗糙，而药膛又不光滑。生铁性刚，钻锉无所施，且多蜂窝，必致炸裂。道光年间史料记载：铁有紫口、青口、白口之分，铸炮以紫口铁为上，青口铁次之，白口铁性脆质粗，易致炸裂，不适于用。[①]可以推断，白口铁即白口铸铁；青口铁可能是灰口铸铁，性能优于白口铸铁；紫口铁的性能又优于灰口铁。清军铁炮材质以白口铸铁为主。图 3.4、图 3.5 是两门道光年间铁炮。

图 3.4　广东革命历史博物馆展览清道光铁炮（笔者摄）

① 中国第一历史档案馆. 鸦片战争档案史料（I～VII）. 天津：天津古籍出版社，1992.

图 3.5　鸦片战争博物馆展览清道光铁炮（笔者摄）[①]

至于其他诸如荒山铁及新旧黑麻铁之类的材质，在《演炮图说辑要》《海国图志》《火器略说》中有论及。《演炮图说辑要》对广东铸炮铁料的生产记载较细：粤中所产者，有荒山铁及新旧黑麻铁，又有自外洋而来之洋麻铁之数种。所谓荒山铁者，系在荒山采矿炼成新片铁也，又从而煅之，谓之新黑麻尖锅铁。铸炮工匠初只用三成，而用新片铁七成，合熔铸就之炮，各有蜂窝。后经改新黑麻尖锅铁，加至八成，取其坚实，配以荒山新片铁二成，或以新黑麻尖锅铁七成，配以洋麻铁三成，加工锻炼铸成一炮，内外一律光润，始无蜂窝之患。

二、英军铁炮的材质

18 世纪中叶以后，英国采用了先铸成实心炮，然后用镗孔机钻出炮膛的技术。使用蒸汽机后，生产效率大大提高。英国海军用新造火炮在 18 世纪末已是实心钻膛铁炮，而商业用火炮为省费起见，有的仍用泥模铸炮。[②]

英军铁炮的优势与其材质优良有关，而材质又与工业革命后英国冶铁技术的发展有密切联系。冶金史料对 18 世纪后期至 19 世纪

① 炮口至炮耳 128. 5 厘米，炮口至火门 219.5 厘米，耳长 17 厘米。范线明显，炮耳残。

② Kennard A N. Gunfounding and Gunfounders：A Directory of Cannon Founders from Earliest Times to 1850. London：Arms and Armour Press，1986.

初期英国冶铁技术发展有详细记载，归纳了生产灰口铸铁替代性脆的白口铸铁的技术原因，介绍了英国的高炉生铁精炼技术。①

英国有用炒钢法生产熟铁的记载，熟铁产量大增、成本低廉、成型方便，适用于制造大炮以及其他用途。②

英国工业革命发生后，冶铁技术已发生了重大革新，铁炮的主要材质为灰口铸铁，还有低碳钢或熟铁等。英国冶铁技术的改进一则增加了产量，保证了铸炮的原料需求；二则提高了铁炮的质量。

第三节　中英铁炮材质的金相学研究

一、样品的数量、选取及实验方法

中英铁炮实物在中国沿海省份遗留较多，主要放置在博物馆及复原的古炮台上，铁炮的年代主要集中于鸦片战争前后，形制及制作方法具有连续性。英军和清军铁炮的区分，主要根据形制和炮身所铸铭文、符号等特征，以及文物考古学家的考证结果。

笔者在博物馆、炮台调查了铁炮（少数样品金相检查结果为钢，本书“铁炮”为泛称）及炮弹。从112门清军铁炮上取样141个（取样部位常在炮耳、火门、炮口等），对其中75个样品进行了金相检查。从53门英军铁炮上取样77个，对其中68个样品进行了金相检查。在见到的200多发清军炮弹中取样4个。英军炮弹考察5个，取样1个。样品涵盖了主要铁炮类型：清军铁炮有红夷炮、子

---

① 华觉明，等编译. 世界冶金发展史. 北京：科学技术文献出版社，1985.

② 杜普伊. 武器和战争的演变. 李志兴，严瑞池，王建华，等译. 北京：军事科学出版社，1985；麦尼尔. 竞逐富强：公元1000年以来的技术、军事与社会. 倪大昕，杨润殷译. 上海：上海辞书出版社，2013.

母炮、抬炮、冲天炮（或称西瓜炮）等几种；英军铁炮有加农炮、榴弹炮、卡隆炮三种。

对样品选取横截面，用酚醛树脂镶嵌后，用不同粒度的砂纸从粗到细进行均匀打磨，再进行抛光处理以达到金相检查的要求，最后用3%硝酸乙醇溶液进行浸蚀以达到显现金相的要求。使用 Leica DM 4000M 型金相显微镜进行了金相拍照，其中清炮样品 75 个、英炮样品 68 个。143 个火炮样品中有 108 个来自（非复合炮）炮体，其余来自：火门 25 个，炮尾芯 3 个，还有清军双层炮炮膛 7 个。

须指出，铁炮样品多取自表面，而铁炮大且壁厚，各部位成分、组织存在不均匀现象。另外，铁炮在发射过程中产生较大热量，表面可能在空气中有氧化脱碳的现象，所以有的样品金相检查到的组织仅代表局部，并非整体的组织状态。本书仅就所取样品的金相组织，结合文献记载讨论材质问题。

二、金相检查结果分类简介

中英炮材质多是铸铁，包含灰口铸铁、白口铸铁、麻口铸铁等；此外还有少量铸铁脱碳钢、熟铁等。中英炮体材质存在差异：英炮样品灰口铸铁、麻口铸铁的比例高于清炮样品，清炮样品白口铸铁、铸铁脱碳钢、熟铁的比例高于英炮样品。金相检查结果简要分类介绍如下。

1. 白口铸铁

有白口铸铁组织的样品（如图 3.6）：清 15 个，英 12 个。

2. 灰口铸铁

灰口铸铁性能取决于石墨（形状、大小、分布和数量）和基体组织。灰口铸铁石墨片数量愈多，愈粗大，分布愈不均匀，则力学性能越差。菊花状石墨组织对基体的割裂作用小于粗大片状石墨，对应的灰口铸铁性能更优。

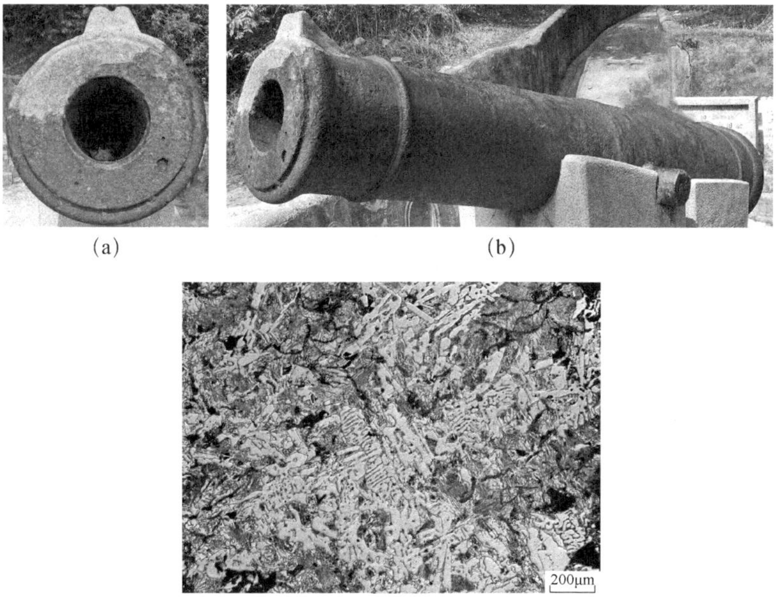

(a)　(b)　(c)

图 3.6　广州市南沙区蒲洲炮台展览清道光佛山造铁炮及炮耳金相（笔者摄）①

有灰口铸铁组织的样品（如图 3.7～图 3.12）：清 9 个，英 22 个。双方样品的石墨形态不同，清朝样品未见菊花状石墨，英国部分样品存在菊花状石墨（如图 3.11、图 3.12）。

① 炮口至炮耳 160 厘米，炮口至火门 290 厘米，口内径 25 厘米，底径 80 厘米，耳长 21 厘米。

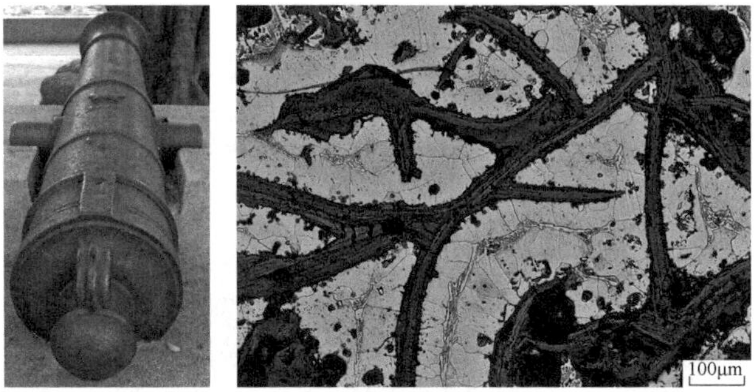

(a)　　(b)

图 3.7　鸦片战争博物馆展览英军加农炮及炮口金相图（笔者摄）

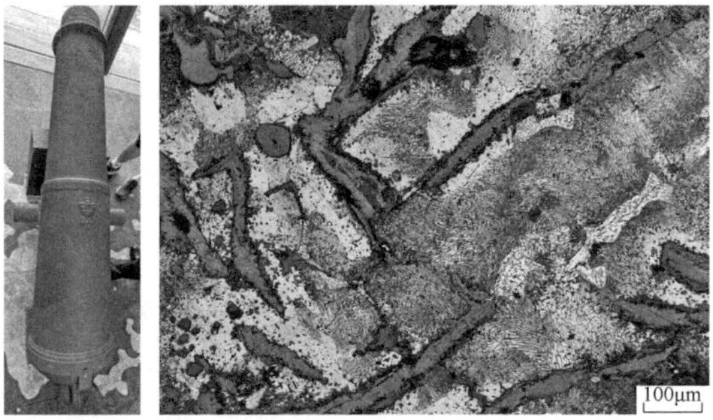

(a)　　(b)

图 3.8　广东珠海博物馆展览英军卡隆炮及炮耳金相图（沈鸿鸣摄）

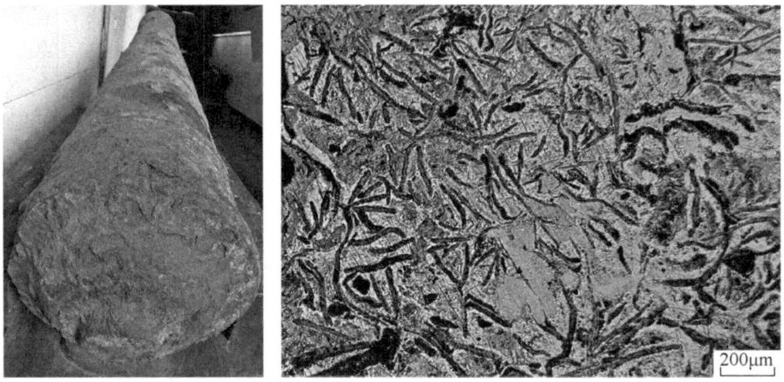

(a)　　(b)

图 3.9　天津市大沽口炮台展览清朝重型红夷炮及炮尾金相图（笔者摄）

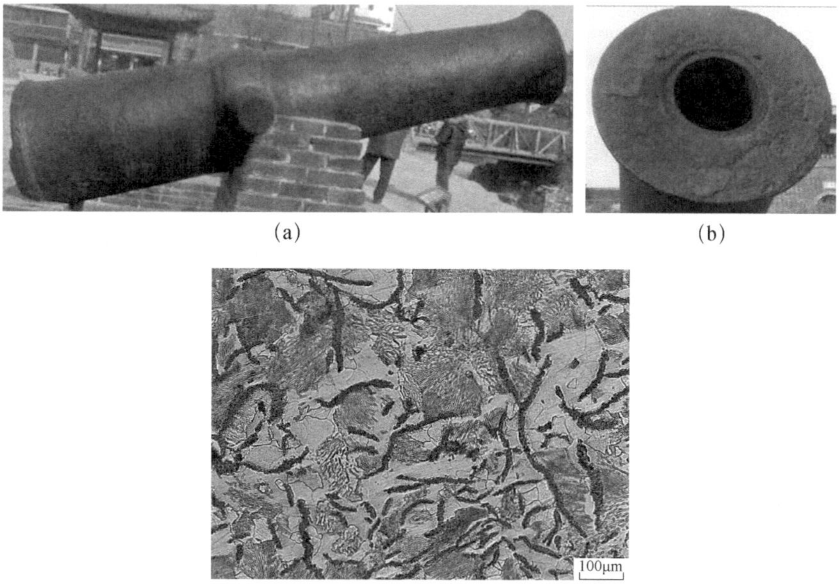

(a)　(b)　(c)

图 3.10　扬州市东门遗址展览清道光双层铁炮及外膛金相图（笔者摄）

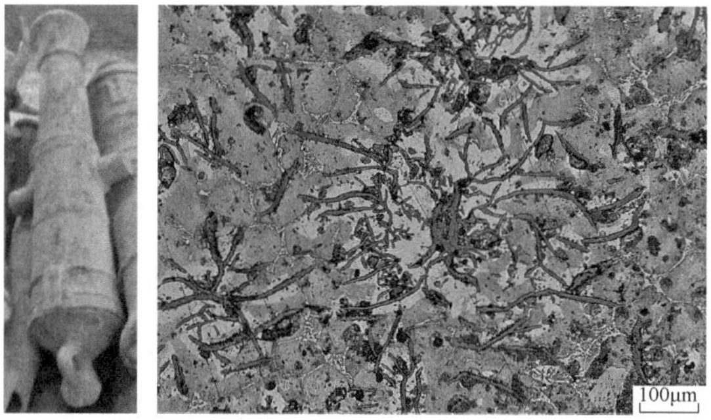

(a)　(b)

图 3.11　广西梧州市博物馆英军加农炮及炮口金相图（笔者摄）

3. 麻口铸铁

有麻口铸铁组织的样品（如图 3.13）：清 5 个，英 13 个。中英样品的石墨形态也有不同。有 2 个英国样品有菊花状石墨，清朝样品的石墨形态均呈片状。

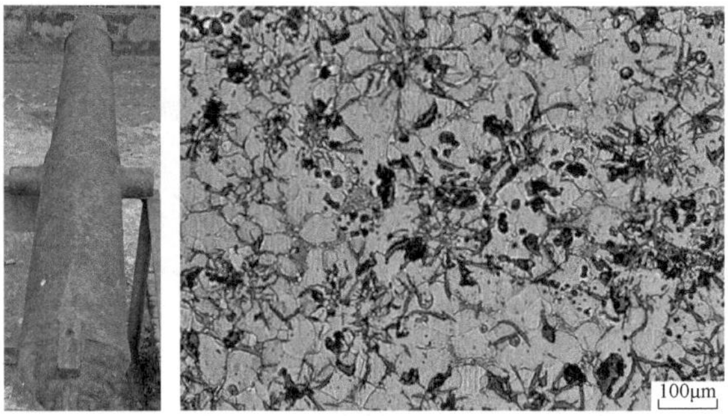

(a)　　(b)

图 3.12　梧州市博物馆展览英军榴弹炮及炮耳金相图（笔者摄）

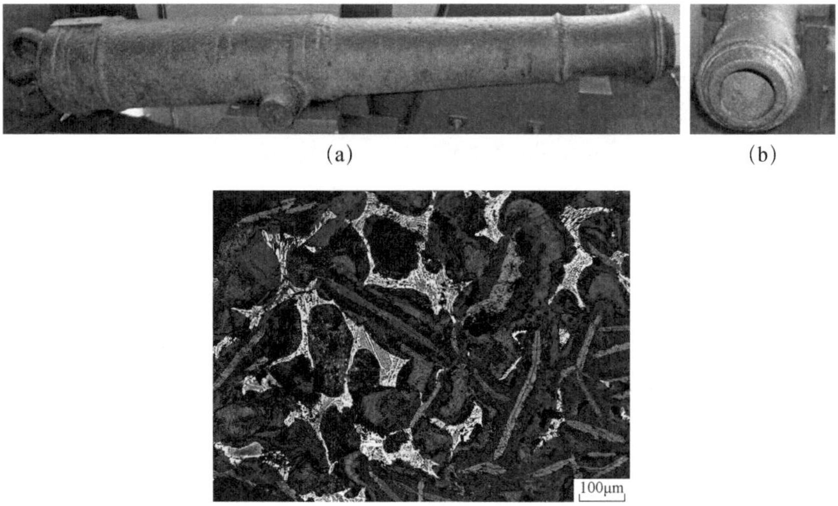

(a)　　(b)

(c)

图 3.13　中国人民革命军事博物馆展览英军在厦门遗留舰炮及炮膛金相图（笔者摄）

4. 熟铁、铸铁脱碳钢、脱碳铸铁

铸铁脱碳钢是白口铸铁铸件在脱碳退火过程中，由于时间和温度控制适当，基本不析出石墨（如析出石墨则成为可锻铸铁），铸件表面和芯部都成为钢。白口铸铁铸件经脱碳退火处理，铸件表层已经脱碳成为钢，而芯部仍为白口铸铁组织，我们将这种形态称为脱碳铸铁。

火炮由于连续发射产生很大热量，暴露于空气中的表面部分碳被氧化，类似退火处理过程。由于样品多取自炮身或炮口表面，所以金相检查发现脱碳铸铁和铸铁脱碳钢组织。

图 3.14 为部分熟铁样品。有脱碳铸铁组织的样品（图 3.15）：清 12 个，英 3 个。有铸铁脱碳钢组织的样品（图 3.16）：清 9 个。

图 3.14　广东虎门沙角炮台展览清道光佛山造铁炮及金相图：炮耳（d）和火门（e）（笔者摄）[①]

① 炮口至炮耳 138 厘米，炮口至火门 234 厘米，口内径 16 厘米，底径 63 厘米，耳长 18 厘米。

(a)

(b)

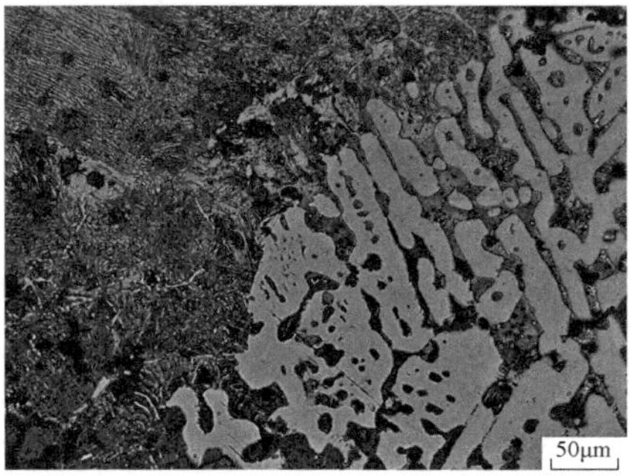

(c)

图 3.15　广东虎门威远炮台展览清道光铁炮及炮口金相图（笔者摄）①

(a)

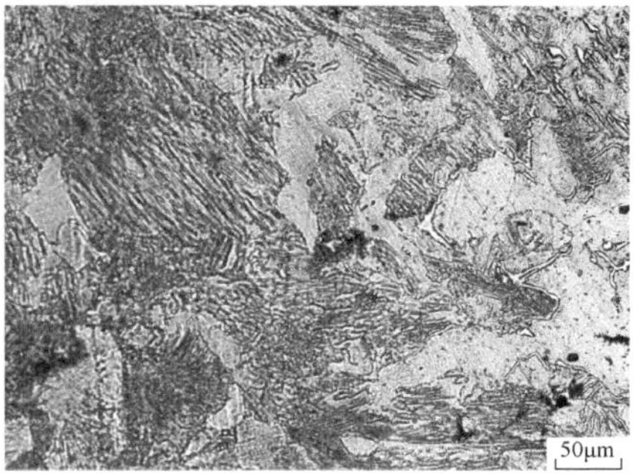

(b)

图 3.16　鸦片战争博物馆展览清道光火炮及炮尾金相图（笔者摄）

5. 可锻铸铁

有可锻铸铁组织的样品（如图 3.17～图 3.19）：清 1 个，英 4 个。

① 炮口至炮耳 130 厘米，炮口至火门 208 厘米，口内径 16 厘米，底径 54 厘米，耳长 16 厘米。

(a)　(b)

图 3.17　天津大沽口炮台展览清朝红夷重炮及炮尾金相图（笔者摄）

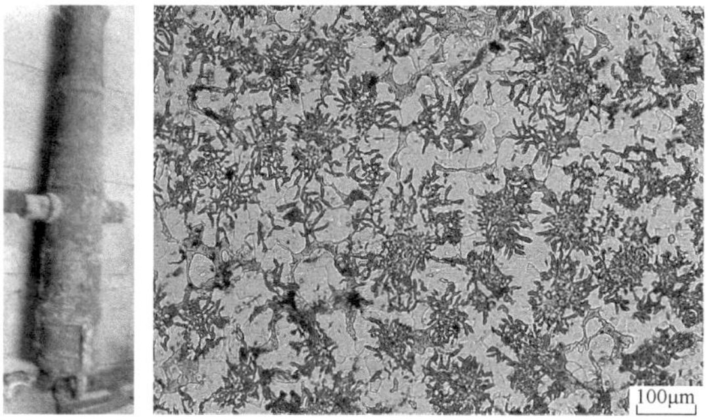

(a)　(b)

图 3.18　珠海博物馆展览英军加农炮及炮耳金相图（笔者摄）

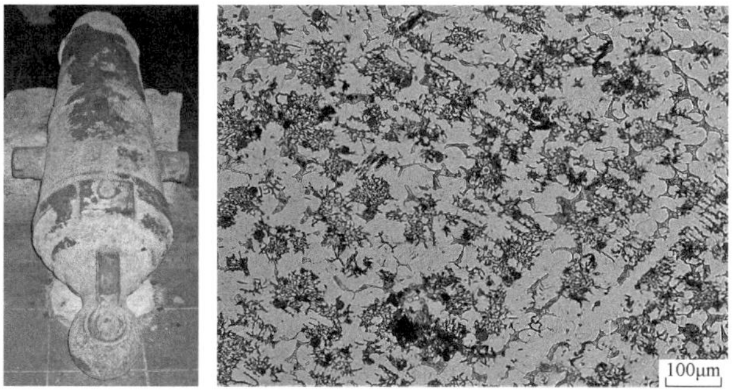

(a)　(b)

图 3.19　珠海博物馆展览 19 世纪中叶英军有耳卡隆炮及炮耳金相图（笔者摄）[①]

① 口内径 11. 5 厘米，口外径 17.5 厘米，底径 32 厘米，耳长 9 厘米。

三、清朝双层炮内外膛材质

清朝子母炮和红夷炮存在双层结构的炮型，红夷炮的内、外膛由不同材质制作，外膛一般为铸铁，内膛一般为熟铁或低碳钢。本书统计了 6 门红夷炮：内膛样品 3 个（熟铁 2 个，低碳钢 1 个）；外膛样品 4 个（灰口铸铁 2 个，铸铁脱碳钢 1 个，白口铸铁 1 个）。内膛组织不均匀，可能是用废钢铁料锻打而成（图 3.20）。

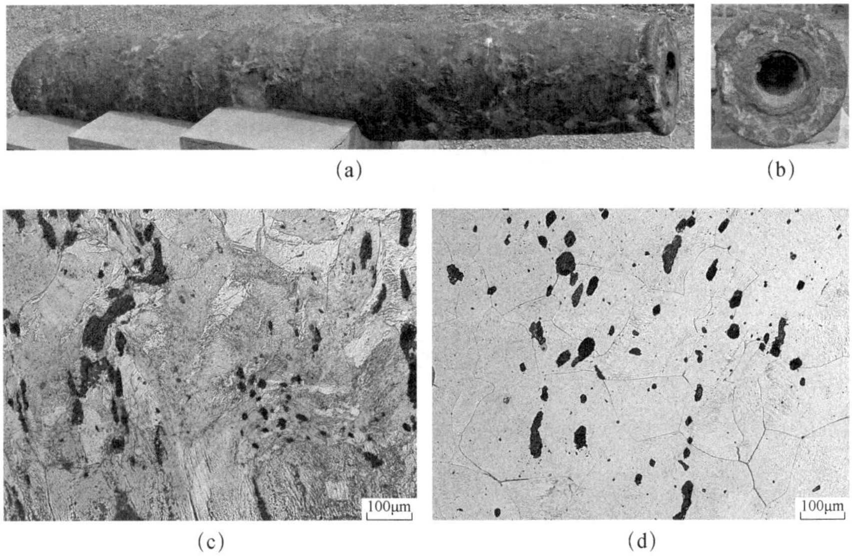

图 3.20　天津大沽口炮台展览清朝双层火炮及内膛金相图（笔者摄）

四、火门、炮尾芯材质

在火门材质上，中英有较大差别，本书统计了清炮火门 8 个样品，英炮火门 17 个样品。清炮火门材质有熟铁（如图 3.21）、低碳钢和亚共析钢，与炮体材质差别较大。英炮火门材质有灰口铸铁、白口铸铁、麻口铸铁、脱碳铸铁、铸铁脱碳钢、低碳钢，与炮体材质基本相同。

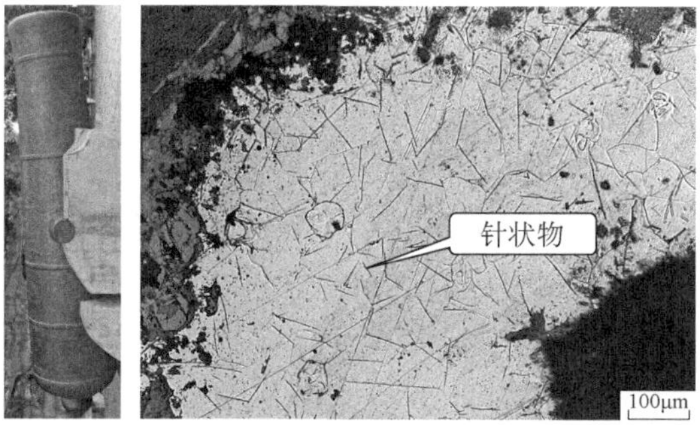

(a)　(b)

图 3.21　广东虎门沙角炮台展览清道光佛山造铁炮（笔者摄）

有些清炮炮尾芯部有熟铁棒存在，与炮尾白口铸铁形成“复合材料”（图 3.22），提高了炮尾的机械性能。熟铁棒组织不均匀，具有加工组织，夹杂物拉长变形，可能系钢铁废料锻打而成。

(a)　(b)　(c)　(d)

图 3.22　广东省韶关市博物馆展览清道光佛山造铁炮及金相图：炮尾（c），炮尾铁棒（d）（笔者摄）[①]

① 炮口至炮耳 146 厘米，炮口至火门 240 厘米，口内径 20 厘米，底径 59 厘米，耳长 20 厘米。

五、中英炮型、材质

清朝铁炮以红夷炮为主，其材质主要是白口铸铁。英国铁炮中加农炮占主导，其材质主要是灰口铸铁。中英双方主导炮型——红夷炮与加农炮属于相同炮种，但炮体材质不同。清朝铁模炮属于榴弹炮型，与英国榴弹炮相比，在材质上存在差异，清朝铁模炮材质是白口铸铁和麻口铸铁，而英国榴弹炮材质以灰口铸铁为主。中英主要炮型的材质差异是影响火炮质量的重要因素。

六、同一门炮不同部位的材质

一门清炮不同部位的材质不同，可能与分铸技术有关，一般是炮耳、炮尾单铸，尔后与炮身铸接在一起。各部位铁水成分、铸造温度和冷却速度都有可能不同。此外，火炮多次发射，炮体表面存在氧化脱碳的可能性，不同部位脱碳与否及脱碳程度如何是受多种因素制约的，这也是导致各部位材质不同的一个原因。英炮可能采用砂模整体铸炮技术，火门都不是白口铸铁。

七、金相检查总结

金相检查表明，清炮材质以白口铸铁为主，英炮材质也有一些是白口铸铁。中英炮白口铸铁组织有受热迹象，可能是火炮使用中炮体发热的结果。

中英样品中发现脱碳铸铁组织，清炮较英炮多，英炮在火门部位发现。脱碳铸铁和铸铁脱碳钢工艺在中国战国晚期之前就已经发明。而火炮中这两种组织应是发射中铸铁氧化脱碳的结果。

清朝双层炮的内层为熟铁或低碳钢组织，外层为铸铁，结合在一起具有良好的机械性能和力学性能，比壁厚相同的单层金属炮坚固得多。[①]双层炮克服单层白口铸铁炮开裂、炸膛的缺陷，在当时是不小的创举。此种火炮质量虽好，但制造复杂，需要大量时间和资金，故所占比例不大，发挥作用有限。

有些清炮炮尾芯部有熟铁棒存在，应是铸炮时预先插入泥范内。炮尾起保持稳定、拴放绳子、调整角度等作用，是战时多用之部位，材料要具有较好的机械性能。棒芯可以加固炮尾，这是清朝为克服铸铁脆性采取的又一措施。

鸦片战争前后，中国冶铁技术仍大体相当于宋代水平。由于鼓风技术落后，焦炭炼铁技术未能普及。铁炮材质与冶金技术有直接关系。英国近代炼铁在高炉结构、燃料、鼓风设备、动力等方面，是清朝传统土法无法比拟的。清朝冶铁炉温较低，易生成白口铸铁。灰口铸铁材质优于白口铸铁，故英炮材质总体上优于清炮。中英铁炮材质上的差异是造成性能不同的重要原因，对鸦片战争的胜负有重要影响。

① 谈乐斌. 火炮概论. 北京：北京理工大学出版社，2005.

第四章　清军炮型分类

第一节　至19世纪中叶世界视野下的火炮发展

西洋火炮名称曾非常繁杂，法国人瓦利叶在18世纪建立了世界上首个火炮系统。到了19世纪，英国军队尝试推行单一口径火炮，尽管每炮重量不同，但都发射同样口径的炮弹。再加上英军铁炮形体小，又借助于炮架和战舰、蒸汽船机动性好的优势，在射速和射击精度方面发挥充分。[①]

膛线早已出现，但要经历工业化的技术提升和武器小型化才开始普及于火炮。这是古、近代火炮的重要分水岭。19世纪中叶，后装线膛的阿姆斯特朗炮（简称阿炮）在英国成为制式火炮，并在侵华战争中使用。但其因为屡出问题曾被冷落，前装炮重获青睐，但比之前的前装炮多了膛线。到1870年，带膛线的火炮在欧洲广泛使用。前装炮走向终结是因为炮弹重复装填问题，这种错误在后装炮上不会出现。而且19世纪后期威力强大的缓燃火药也不适于前装线膛的短炮管。

19世纪末英国海军终于再次把大口径后装炮列为标配。当时英国阿炮在国际上的竞争对手是德国的克虏伯炮。19世纪中叶，克虏伯在铸铁管内嵌套钢管，尽管炮管不全是钢材，但却是一种划时代的新式火炮。后来又制成全钢后装线膛炮，技术上一举超越了

① 兰伯特. 风帆时代的海上战争. 郑振清，向静译. 上海：上海人民出版社，2005.

阿炮。图 4.1 是一门克虏伯炮。①

(a)

(b)

图 4.1　福州市马限山中坡炮台展览清末火炮（笔者摄）②

第二节　清朝火炮分类及主战火炮红夷炮

火炮被用于战争后的很长时间内，国人没有按用途对之做明显区分。金属管形火器创制之初，甚至不分枪炮而统称为火铳。明朝永乐年间将火铳区分为手铳和炮，又将火炮按大小称为“大将军”“二将军”“三将军”等。后来又发展出其他炮种（如图 4.2）。

图 4.2　安徽博物院展览清朝礼炮或信炮（笔者摄）

清朝水师火器与冷兵器杂用。据《广东海防汇览》等史料：约

---

① 孙烈. 德国克虏伯与晚清火炮——贸易与仿制模式下的技术转移. 济南：山东教育出版社，2015.

② 陈悦. 中国军舰图志：1855～1911. 上海：上海书店出版社，2015. 该书提及，克虏伯炮有侧向开启的横楔式炮闩，密闭效果优于螺式，用于大口径炮尤显得力。

略计一船中，为炮火者十之七，为刀枪者十之三。炮大小不一、做法互异。即一省之中，同一名目，而尺寸斤重尚属悬殊。中国火炮种类虽多，但陆海火炮没有严格区分，通常是将陆炮配置在水师战船上，重量一般小于岸炮和野战炮。

清人对炮的制式化与标准化是有了解的，如《演炮图说辑要》：凡各炮台及战船，安炮务宜一式至二式，庶准头划一。在实际作战时，清军枪炮配置往往不能统一，不利于士兵掌握与使用，影响其性能的发挥。当时购买的西洋火器也有这一问题。

清朝长管滑膛重炮的原型一般是明末清初的红夷炮，炮管较短的轻型滑膛炮包括“神威将军”、“神功将军”、轻型劈山炮、子母炮、奇炮、竹炮、九节炮等，很多是红夷炮的变体，为了射程、重量等需要而创制出不同类型。

按是否有膛线分为滑膛炮和线膛炮；按装弹部位分为前装炮和后装炮。

一、清军主战火炮：红夷重炮

明清时期广东佛山地区炉户承接官府订单仿制的西式红夷炮，一般称为广炮，后来成为清军大炮的主要种类。佛山模式是民间铸铁权与王朝体制融合一体的发展模式。[①]

红夷炮属于西方加农炮型，可分为单层、双层和三层；双层又可分为铁芯铜体和双层铁结构。清朝较有代表性的红夷炮为“武成永固大将军”炮，由南怀仁设计，作为北京的城防炮使用。此外还有台湾郑氏使用的“台湾炮”，上刻“番书字迹”，质量精良。

在材质、铸造与加工三项上，鸦片战争时佛山造大炮的水准远高于明末，但船、炮组合无力，造成不堪后果。虎门炮台配置的佛

① 罗一星. 帝国铁都：1127—1900年的佛山. 上海：上海古籍出版社，2021.

山造生铁炮，基本反映了当时简单掩体式炮台所用海岸炮的状况："炮身庞大、炮体内外粗糙、口内径相对较小"的特征具有普遍性。铁炮材质主要为白口铸铁，手工生产方式效率低、加工精度不高。佛山造大炮的发展受制于官府需要，佛山承铸大户、铸炮匠户、市场之间没有形成利益互动的关系，最终导致发展缓慢。清末佛山经济发展颓势日显，佛山大炮也每况愈下，在 19 世纪中叶以后西方第二次工业革命的冲击下，被技术更高的西洋锻造钢炮取代。

二、清军岸炮与舰炮

清军重型岸炮主要架在要塞炮台上，轻型火炮多装备于兵船或陆上用于机动作战。在吸收丁拱辰、龚振麟等人的旋转炮架后，岸炮在调整射角、射程和机动性等方面有一定改进，但在构造和发射方式上变化甚少，实际威力提高有限。

19 世纪中叶的清军战船一般只能配置舰炮 17～18 门，小型的只有 4～5 门，有效射程一般只有 400 多米。此时期，清朝各省实行火炮调拨政策，有时数量很大，如为了扑灭太平天国运动，从直隶、广东等省调拨大量武器装备。火器质量低劣且数量不足的问题，还与兵器装备在制造、运输、保管、维修乃至调度使用等环节上存在的舞弊有关。

鸦片战争前后，清朝战船技术落后，虽装备前装滑膛炮，但吨位不太大，不能致远摧坚。《广东海防汇览》："海洋之战，莫烈于炮，以大为贵……我师之炮大者不过二三千斤。"

在闽粤沿海调研，发现嘉庆十四年（1809 年）铁炮甚多（图 4.3～图 4.5）。此与当时闽粤附近海盗猖獗有关。作为军事回应的重要手段，师船进行了数轮更替，大横洋船（同安梭船）成为新一代制式战船，最终消弭了东南海匪祸患。[①]

① 耿健羽. 清嘉庆时期海匪与闽浙水师战船之更替. 河北学刊，2019（6）：217-220；叶志如. 试析蔡牵集团的成份及其反清斗争实质. 学术研究，1986（1）：84-88.

(a)

(b)

图 4.3 鸦片战争博物馆展览嘉庆十四年佛山造前装铁炮（笔者摄）①

(a)

(b)

图 4.4 鸦片战争博物馆展览嘉庆十四年造前装岸铁炮（笔者摄）②

(a)

(b)

图 4.5 广东新会古炮台展览嘉庆十四年佛山造前装岸铁炮（笔者摄）③

① 炮口至炮耳 103 厘米，炮口至火门 170 厘米，口内径 8. 5 厘米，口外径 27 厘米，底径 30 厘米，耳长 13 厘米。在航道出土，应为舰炮。

② 炮口至炮耳 152 厘米，炮口至火门 253 厘米，口内径 13 厘米，口外径 34 厘米，底径 40 厘米，炮耳残。

③ 图 4.4、图 4.5 岸炮比舰炮的尺寸、重量大得多。

三、几种轻型炮

清朝炮管较短、重量较小、威力有限的轻型炮，包括“神威将军”、“制胜将军”、金龙炮、龙炮、子母炮等。

子母炮（图 4.6）炮身修长，口径较小，架在可旋转的炮架上，炮尾有便于握持的木把，弹重通常低于 2 磅，还有用霰弹者，设计初衷是为杀伤舰上人员，破坏帆缆。[①]除奇炮和子母炮是后腹（或膛）装弹的佛郎机炮型外，其余一般属于红夷炮的发展型。

图 4.6　河南省登封嵩山少林古兵器博物馆展览清朝子母炮（笔者摄）

注：含子炮 2 个

清朝有一种后装枪——奇枪。奇枪外形与火绳枪差不多，但枪后部可以开阖。按规定需常备装好火药铅丸的“子枪”（子弹雏形）6 枚，从枪后部开阖处纳入。一次射击完毕，用过的“子枪”退膛，再换上另一枚。在战争时可缩短射击间隙。这是从前装到后装，解决再次装填的一项非常有意义的尝试，是清朝较先进的轻型火器。[②]奇炮是奇枪的放大版，以铸铁为炮管，置于三脚支架上，有准星和照门，后加木柄。

---

① 张建. 黑龙江驻防火炮研究（1683—1860 年）. 北方文物，2015（1）：102-109.

② 胡建中. 清宫兵器研究. 故宫博物院院刊，1990（1）：17-27.

清军装备的抬炮重约 10～25 千克，口径多在 2 厘米左右，可以视为大口径火枪。抬炮系中国受世界火器轻型化发展潮流影响的独创物，属前装滑膛、散装火药、火绳点火式。其结构原理与同类的步枪、马枪相同，只是尺寸、重量、装药量、威力、后坐力等更大。抬炮是清军主力火器之一。

第三节　洋务运动与火炮划一的尝试

洋务运动，又称自强运动。19 世纪 60 年代到 90 年代，洋务派以“自强”“求富”为口号，以“中体西用”理论为宗旨，利用西方军事装备、机器生产和科学技术以挽救清朝统治。1863 年苏州洋炮局建立，次年用机器加工出 24 磅弹前装滑膛生铁炮，揭开了中国用近代机器生产火炮的序幕。

洋务运动期间，清朝开办了多家兵工厂局，初步形成了近代兵器工业的基础。但各厂局各自为政，低水平重复而鲜有彼此配套，无意于技术标准和制式的统一。它们纷纷采购国外军火，出现了大批从事军火贸易的洋行、买办和官僚的复杂关系网。在武器制式初定之前，采购、仿造国外的各式枪械、火炮、炮弹、枪弹和火药不下数百种，有“杂式”而无制式。兵工厂局采用衙门式的管理模式，不愁销路，经费相对充足，缺乏正规工艺，规模从 100 人到三四千人不等，从厂址设计、机器购置、产品选型、机器设备和相关技术供应主要依赖国外进口。

建海军与修炮台成了当时朝廷的重中之重。国人学习火炮的路线是：先买炮，再拆解，然后制配。虽采购量大，但较分散，面对强敌难以形成火力优势。汉阳兵工厂产品较为精利，江南机器制造总局（简称江南制造局、沪局）实力强，出产重炮。但是，同期兵工厂局管理弊端多，火炮数量不足和炮制杂乱是痼疾，故只有外购大量武器，借助“贸易—仿制”的技术转移模式。英式阿炮和德式克虏伯炮是清人倾向购买的种类。由于对德国克虏伯公司的仿效，“炮用克虏伯”逐渐成为口号。①

但是，晚清上下对克虏伯炮的认知混乱，使火炮划一问题久拖不决，极大地影响了晚清兵工厂局的发展。19 世纪末，直隶总督裕禄提出兵工厂局之间的划一问题：“以北洋之军械共有二局，一为机器局，一为制造局……惟（唯）北洋之七生的快炮，湖北之三生的七快炮，南洋之六生的快炮，若购自外洋，终非久计。乃拟增换机炉，自行制备，专精仿造。所有枪炮子弹，与天津、湖北二厂咸归一律。”（《清史稿》）

20 世纪初，两江总督张之洞又强调划一问题：“故枪械新旧凑配，出数无多，炮机亦未能完备，而岁费巨款，颇为可惜。当整顿武备之时，军营所用枪械，宜归一律……添配新式造炮机器，每年能造大台炮十尊，七生的半口径快炮二百尊者，庶数年之后，足以应各省之求，而归划一。”（《清史稿》）

1905 年沪局仿造出制式火炮——仿克虏伯 7.5 生（75 毫米）螺闩管退式山炮，有 100 多个零部件。这代表了晚清制炮技术的较高水准。炮身长约 1 米，重量约 102 千克，有膛线，最大射程约 4.3 千米。晚清仿制的克虏伯炮的特点之一，属于野战榴弹炮，弹道弯曲，宜在山地和野外作战。特点之二，双轮单脚式炮架，可骡马挽拽，使用简单，机动性较好。特点之三，结构简单，部件可分解拆卸，增强了机动性和山地作战能力。特点之四，该炮与德国原型相比，技术指标有所下降。②图 4.7 是一门克虏伯行营炮。

---

① 孙烈. 德国克虏伯与晚清火炮——贸易与仿制模式下的技术转移. 济南：山东教育出版社，2015.

② 孙烈. 德国克虏伯与晚清火炮——贸易与仿制模式下的技术转移. 济南：山东教育出版社，2015.

图 4.7　中国甲午战争博物院展览克虏伯行营炮（复制品，笔者摄）①

清朝火炮长期无统一规划和种类的标准化。各地兵工厂局产品种类繁杂，既影响了定型和批量生产，又不便于消化统一进口的各国武器。这种状况加剧清军装备的混乱，增加战时供应的困难。到 19 世纪末 20 世纪初，划一问题才得到重视，破解新旧枪炮混杂、冷热兵器并用的落后局面。按作战需要可以分为野战炮和野战重炮、攻守城炮、山炮等不同类型。

① 炮身长约 1.5 米，有效射程约 5 千米，理论射速 1 发/分钟。

第五章　清军火炮的弹药

火炮的威力如何，能否击远，除了炮管制造是否合理外，与弹药技术与性能关系甚大。弹药与炮管、炮架等很好地配合，才能构成一个完整的火炮系统。炮弹一般是口径等于或大于 2 厘米，利用火炮发射，以完成毁伤作用或其他战术目的的弹药总称。自金属管形火器出现至 19 世纪中叶以前，东西方都使用了三种炮弹：球形实心弹、霰弹和空心爆炸弹。至鸦片战争时期，霰弹和爆炸弹有一个共同的缺点：多使用短管火炮发射，不能打击远距离目标，再加上成本、技术和安全性等原因，它们都不曾动摇球形实心弹在战场上的统治地位，本章主要讨论球形实心弹。

第一节　清军炮弹制作与材质

清朝时中西炮弹杀伤效果低，但火炮的使用给敌方心理上造成的压力不亚于战术上的打击，如发射时的噪声、火光与烟雾。西方学者对该时期球形实心弹火炮的验证显示：它们是可怕的武器，能造成伤害，但是在某种程度上是短射程的武器，在远处不能造成更多的伤害。①

清军占主导的球形实心弹（图 5.1～图 5.4）常采用“打水漂”的方法发射，如此铁质不好的炮弹易裂，可多次杀伤。清军炮弹（炮

① Hall B S. Weapons and Warfare in Renaissance Europe：Gunpowder，Technology，and Tactics. Baltimore：Johns Hopkins University Press，1997.

子）与鸟枪、火炮等火器一样，也分中央和地方制造。中央由工部负责生产，主要供京城火器部队使用，另外盛京、山海关及离京较近的驻守部队由工部拨给。地方炮弹根据需要，由各省奏请，中央准其造备。

(a)　(b)　(c)

图 5.1　鸦片战争博物馆展览带有范线的球形实心生铁弹（笔者摄）

注：直径 9.4～18.4 厘米

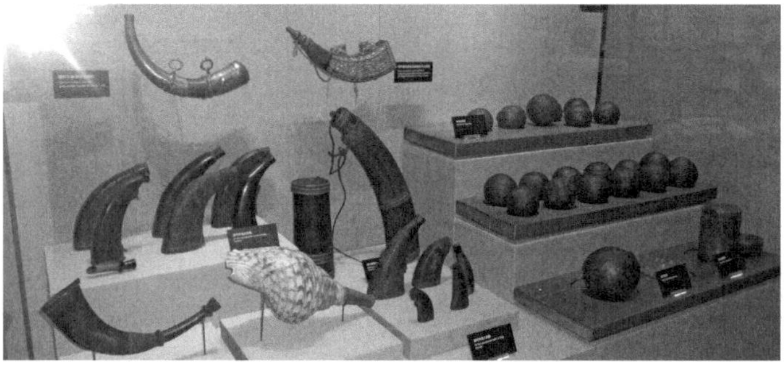

图 5.2　鸦片战争博物馆展览清军炮弹及药角（笔者摄）

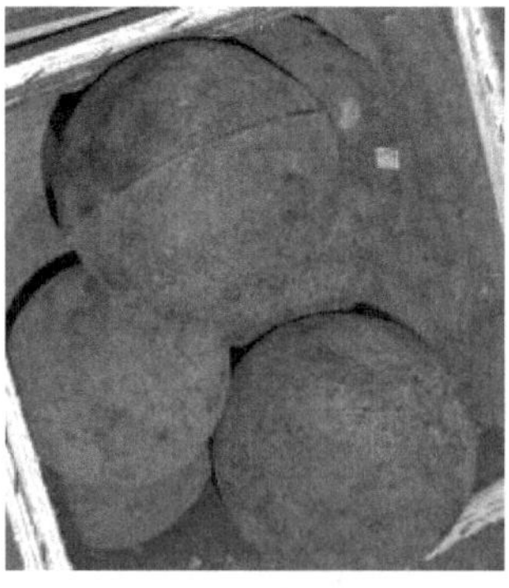

图 5.3　广东东莞市袁崇焕纪念园展览清朝炮弹（笔者摄）

(a)

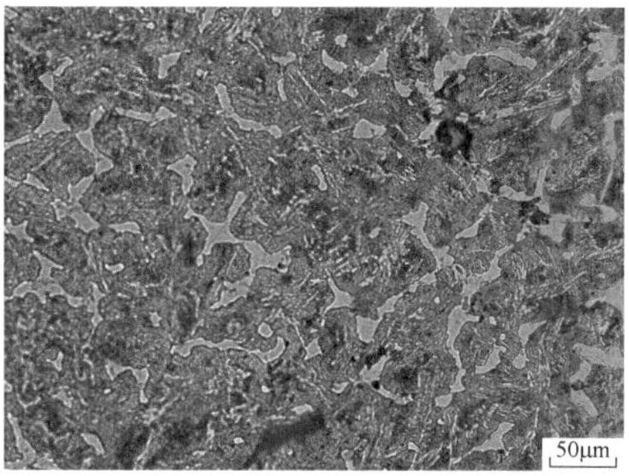

(b)

图 5.4 梧州市博物馆展清朝球形实心弹及金相图（笔者摄）

明末火器著作如《兵录》《西法神机》《火攻挈要》等对炮弹制作有详细记载。与明末相比，清朝铸造炮弹技术总体来看变化不大。[①]《演炮图说辑要》《海国图志》《火器略说》等介绍了泥范铸弹技术，此技术常造成“弹不圆正，口不直顺”，因为用泥范两面合之，上留一孔，倾铸不能浑圆，而腰间更生一线，大不适用。(《演炮图说辑要》)

清朝解决泥范铸弹致范线凸出的办法，一则采用失蜡法铸造替代之。如丁拱辰改用失蜡法浇铸炮弹，光圆无痕。但失蜡法属于精细做法，成本很高，清人在此努力有限，此类炮弹所占比例小。二则采取人工磨光技术，这也不是寻常做法。清朝铸造炮弹的成本很高，官方对此缺乏必要的技术监督、检验手段，通过把控制造费用来控制其生产。

炮弹按材质主要分为石弹、铅弹、铜弹、铁弹等。

石弹取料容易，但常不规整，发射速度小，且易对炮膛造成损害，其性能在炮弹种类中最差。此问题应归咎于清廷政治腐败、军备废弛、财政困难等综合原因，军士只有拿石弹应付。

清军小口径火炮多发射铅弹或铜包铅弹，其用量大于铁弹。大

① 尹晓冬. 16—17 世纪西方火器技术向中国的转移. 济南：山东教育出版社，2014.

口径火炮用铁弹而不用铅弹。铅比铁的密度大，同样重的炮弹，铅弹的形体要小些，因此炮口径及各部尺寸都可相应缩小，有利于火炮的轻便化。

第二节　清军炮弹用法

清军炮弹一般重 1.5～15 千克，而当时西方战船的甲板和舷侧板的硬度和弹性较好，能够抵抗远距离实心弹的冲击，故清军炮弹攻击时常有“碰回”之说。《海国图志》：“吾之所御贼者，不过两端：一曰炮击，一曰火攻。夷之兵船，大者长十丈，阔数丈，联以坚木，浇以厚铅，旁列大炮二层。我炮若仅中其舷旁，则船在大洋，乘水力活，不过退却摇荡，不破不沉，必中其桅与头鼻，方不能行驶。”

清军炮弹用法：击远用孤弹，击近兼用群弹等。以下是几种用法。

一、清军火炮近距离使用的蜂窝弹

蜂窝弹源于明末引进的欧洲红夷炮弹。《火攻挈要》：“大弹一枚，带小弹碎铁碎石及药弹诸物，多寡不等。装时先以诸物装入，末用大弹压口，是名蜂窝。”蜂窝弹包括与炮口内径吻合的圆形主弹——封门子，以及碎铁等组成的群弹。主弹过大则药力闭塞，易引起炮身炸裂；过小则泄气，炮弹射出无力。主弹对准目标，靠撞击攻坚，群弹被包裹在细长的口袋里，发射时破碎，对步兵和骑兵的杀伤力是很大的。其缺点是：速度下降得很快，有效射程短。

至 19 世纪中叶，清军一门火炮除配火药外，通常配有主弹 40～

50个，群弹250～400个。主弹需光圆。炮及炮弹需防锈，以保持性能。《演炮图说辑要》：炮为久远之器，不特用兵之时，须不时照顾……均须用沥青和乌烟饰之，引门用铅片盖密，膛口用木盖塞之，庶不受湿生锈……而炮弹亦须用油饰之，方不生锈。戢兵之后，虽已收贮军局，弹限三年，当用铁槌敲去铁锈。

《海国图志》记述了检测炮弹光圆，以及蜂窝弹装填的另一方法：凡炮口配弹子，以九折为率……试弹之法：用铜板或纸皮规一孔，周围符之，便知圆否……大弹入后，加群弹一包十二个，每个就炮口之径二折……群弹已入，再用旧麻绳解散扎成圆球，与炮口紧合，再舂入炮腹，使弹有力。

鸦片战争中，主弹、群弹有时被英军称为圆形炮弹、葡萄弹。[①]

曾国藩曾组织工匠用新法铸造群弹：用烧红的铁条，经过反复捶打成球形弹丸。发射后每炮用百余颗，多者或三四百颗。湘军所用劈山炮是一种以霰弹（图5.5）杀伤密集步兵的轻型火炮，每队负责一门。曾国藩推其为“陆战利器，颇能击远”。

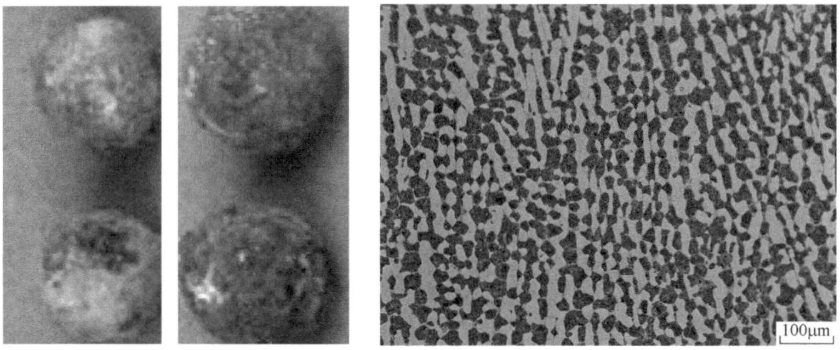

(a)　(b)

图5.5　北京市延庆区文物管理所藏清朝炮用霰弹及金相图（笔者摄）

劈山炮同百子炮、威远炮应为同一类型的轻型火炮，利于野战，

① Ouchterlony J. The Chinese War：An Account of All the Operations of the British Forces from the Commencement to the Treaty of Nanking. London：Saunders and Otley，1844.

不能攻城拔寨。劈山炮的最大射程应在2000米以内，形成宽约60米的杀伤面。再考虑到其每次施放都要先装填大量火药和数百颗群弹，射速应不高，数分钟始能射击一次。①

这些问题也是湘军更偏爱“以主待客，以静制动”的一个重要原因，凭借营垒保护的防御战斗显然要比进攻更能从容地发挥火力杀伤效果。②

二、清军火炮之链弹

链弹又名杆弹，由来已久。明末《火攻挈要》：链弹，亦名鸳鸯弹。其形中分两半，弹心铸存销钉，长大各五分，如磨心相似，以便销合浑圆。弹之边际，各铸鼻。联以百炼刚（钢）条或四五尺或七八尺不等。放时先以刚条入口，此以铁弹合圆装入，弹出之际，两头分开，横拉往前，所过无敌。

道光年间，关天培：“炮子则有封门子、群子、交杯子、担杆子之分。封门、群子用以击船打贼，担杆、交杯专用打桅，均宜添备各营师船。”（《筹海初集》）

链弹是用铁链或铁杆连在一起的两个半球，发射后铁链在飞行中会拉开，专门对付敌方桅杆，破坏敌船的移动能力。《广东海防汇览》还称其为蝴蝶炮子。鸦片战争之际，清军大量使用它对敌。

在此前后，清人也仿制了西洋爆炸弹（也称开花弹），这里有史料以及发现的爆炸弹实物为证（图5.6）。不过由于药力有限和制造成本颇高的缘故，占比不大。③

---

① 施渡桥，梁巨祥，谢健，等. 中国军事通史·第十七卷·清代后期军事史（上）. 北京：军事科学出版社，1998.

② 赵鲁臻. 危机下的变革：晚清陆军战术及训练研究——以湘军、淮军与新建陆军为中心的讨论. 天津：南开大学，2014.

③ Beeching J. The Chinese Opium Wars. New York：Harcourt Brace Jovanovich，1975.

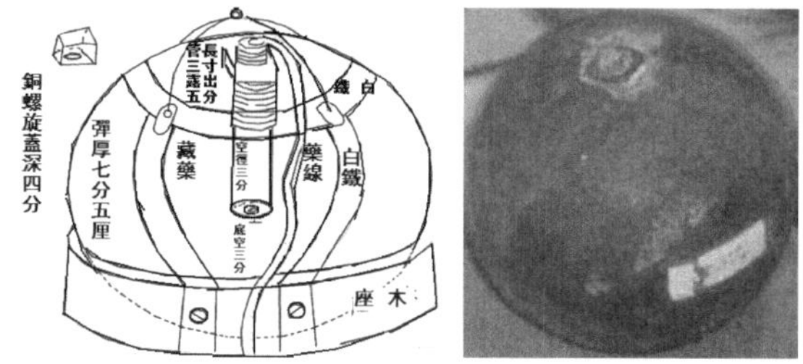

(a)　　(b)

图 5.6　《演炮图说后编》冲天炮（a），以及
浙江镇海口海防历史纪念馆展览清朝爆炸弹（b）

鸦片战争时期，中英双方火炮使用的主导炮弹为球形实心弹。在清朝，一则没有发生工业革命，缺乏近代机器工业和先进科技，二则本应该达到的制作工艺水平，也受落后的社会制度以及种种军事积弊的影响，存在着严重的问题。在战争中，清军火炮炮弹种类少，关键技术改良缓慢。

第三节　清军炮弹用火药

至 19 世纪中叶，中西火药（图 5.7）质量大致还处于同一发展阶段，皆为黑色有烟火药，同 19 世纪后期所用的无烟火药有本质的区别。

图 5.7　鸦片战争博物馆展览虎门炮台军民使用的陶质火药缸（笔者摄）

注：火药缸由盖、缸身、不施釉的底座三部分组成

中国火药造粒在明朝已经应用。清朝的管理体制试图使火器、火药制造经费固定化。《钦定大清会典事例》记载：乾隆年间，清廷以京城为标准，统一划定了京城及各省火药、铅丸、火绳等的加工银，硝、磺等原料的工料银及运费银。此后虽有一些价格调整，但上涨的幅度赶不上各地物价、工价的实际水平，这就使得火器、火药制造者无利可图，可能亏损。当然，这已不充足的工价、料价中，还得包括层层克扣和勒索。为了防止赔本，偷工减料以及贿赂验收官成了公开的秘密。

道光年间，浙江省奏报：浙省向来制造火药……于通省文武官员养廉银内摊捐津贴。兹造药甚多，不敷之款势难摊捐，应照实需银两核算。[①]《海国图志》记载：即调来浙江之各省征兵，裹带火药，亦系旧时陈药。并无加工新造，轰去不能甚远。查制造加工火药，奈其中有赔累之艰，人工之却，若不彻底讲求，纵有加工火药之虚名，而无加工火药之实效。何以靖海宇，而卫生民。

按照书中记载，赔累之艰，人工之却，至少包含如下方面。①火药原料如硝、磺等需要加工提纯，否则难以致远透坚。但提纯损耗在10%～30%，最终产品会少于定额数。②制备器具如石臼、木杵等，不可不良，柴薪、工食不能短少，而这些款项缺乏。③经办营员贪多而好逸。这些就造成了精加工火药困难、量少。

自顺治以后，中国军用有烟火药的组成变化不大，药方配比各省略有不同。19 世纪中叶中西交战地多属沿海，比较潮湿。火药含硝量偏高，极易吸湿转潮，储存极不方便。英人对清军火药库描述道：这些炮台内部的火药库造得非常好，完全不透炮弹，它们的墙是用花岗石造的，周围和上面都覆以沙袋，全部涂以白色灰泥，白色灰泥变硬以后，便不能加以破坏，曾有一个炮弹落在其中一个

① 中国第一历史档案馆. 鸦片战争档案史料（I～VII）. 天津：天津古籍出版社，1992.

火药库的顶上而爆炸了，丝毫没有损害。①

1840 年左右，福建省改进了炮用火药的一些配方，且用于实战。尤以福建水师提督陈阶平配置的火药为上乘，与当时西洋火药配方已相当接近。当时广东也通过澳门学习制造火药。清朝手工方式生产火药虽比明朝好，但与西洋火药相比效力弱 1/5～1/3，发射时会产生浓烈的黑烟，易于暴露目标。在实战中，清朝火炮一般要比西炮装药量多得多，方能达到同样的射程。

侵略军对俘获的清朝火药多持一种轻蔑的态度，并想要将之损毁。英人记述道：中国火药库里面存着几千磅粗火药，装在木桶或泥罐中，我们全部投之于海。因为虽然中国火药的成分几乎和我们的相同，却粗劣。②

火炮弹药质量不同，必然影响射程、性能的发挥。19 世纪中叶的中西火炮射程主要指战场上的有效射程。在木质风帆时代，中西军队都使用前装滑膛加农炮，发射药都为黑色有烟火药，因此，射程都不可能太远。中西不同类型火炮射程不同，最大射程与有效射程差距很大。③

我们根据近代火器的设计与发射原理、中西对加农炮射程的确切记载、该炮在诸多战役中的表现，以及今人的求证，可大致推出清朝红夷岸炮的有效射程当在 1.5 千米之内，最大射程在 5 千米之内。远射程的重炮为数不多，发挥作用有限。清朝大多数红夷舰炮和岸炮，发挥作用的有效射程只有五六百米。在英法联军侵华之役中，清军红夷重炮的射程短于敌军火炮，杀伤力小，常造成清军被动挨打的局面。法国参战人员对清军弹药性能描写道：联军在离设

① Bingham J E. Narrative of the Expedition to China，from the Commencement of the War to Its Termination in 1842. London：Henry Colburn，1843.

② Bingham J E. Narrative of the Expedition to China，from the Commencement of the War to Its Termination in 1842. London：Henry Colburn，1843.

③ Hogg O F G. Artillery：Its Origin，Heyday and Decline. London：C. Hurst，1970.

防营地 600 米处停下，清军马上开枪。联军大炮也立刻排开进行回击，炮火开始轰鸣。看着中国炮弹飞过来简直如同一种享受。因为发射的力量不足，炮弹还没飞到联军面前就落地了，像瓦片在水上打水漂一样在地上蹦跳。战士们一边看着这些炮弹飞过来一边嬉笑不已……在石缝炮台战役，清军朝联军的架桥兵开了一阵子炮，炮火就像是有趣的烟火在为他们架桥做照明，他们一点也不用担心。[①]

清朝沿海各省御敌时往往跨省借拨火药，质量无保证，自然也阻碍在实战中的性能发挥，如浙江奏报：浙省现存火药皆系各处借拨而来，成色不一，以资操演尚堪应用，若欲致远摧坚，恐不足恃。[②]

随着火器性能的改进，采用西洋机器制造新型火药被提上议事日程。中国引进西方机器制造火药的时间晚于枪炮。天津机器制造局是使用机器制造火药较早、较大的工厂。火药配方与欧洲基本一致，生产也引进西式机械化生产过程。

德国制克虏伯炮的发射药后来采用更先进的栗色火药。中国在 19 世纪 70 年代后进口的一些新式火炮也需使用克虏伯公司原产的栗色火药。

栗色火药是黑火药的一个变种，代替普通黑火药用作发射药，工艺变化：使用碳化不充分的木炭，形成栗色的炭粒；需经压力机压制为几何形状的药饼。优点：燃烧速度慢，避免炸膛，烟量少；不同形状，提高装药设计的合理性。[③]19 世纪末，天津机器制造局、沪局建成栗色火药厂，所需制药机器购自德国，为提高质量还延请克虏伯公司技术人员。

---

① 埃利松. 翻译官手记. 应远马译. 上海：中西书局，2011.

② 中国第一历史档案馆. 鸦片战争档案史料（I～VII）. 天津：天津古籍出版社，1992.

③ 孙烈. 德国克虏伯与晚清火炮——贸易与仿制模式下的技术转移. 济南：山东教育出版社，2015.

19 世纪末，欧洲使用硝化纤维素制成无烟火药，也称单基火药，爆炸威力比黑火药大很多，逐渐成为主流产品。沪局进口生产设备，在 1895 年建成中国第一个无烟火药厂。尽管仿制过程曲折，质量不甚理想，但作为中国首家，培养了技术力量。无烟火药除硝化纤维素供给能量外，其他成分虽然不多，却不可忽略，如增孔剂、降温剂等。工艺一般分为成型、去除溶剂和控制挥发三个阶段，又分作一系列工序，制作过程复杂，机器设备远比以往复杂，操作与安全控制也更为严格。①

随后天津机器制造局等也建成了无烟火药厂。其中，天津机器制造局的生产规模较大，但投产不久，便遭八国联军破坏。

19 世纪初，英国能够利用蒸汽机驱动各种机器设备，使得火药生产工艺基本实现机械化；英国改进的黑火药配方也广泛流行。英军火药配方科学，性能较好且烟雾小，在其侵略战争中发挥了重要作用。

在 19 世纪中叶，清军炮弹生产也分中央和地方制造。中西炮弹尽管都以球形实心弹为主，但清军炮弹存在加工粗糙、费工费时、质量粗劣的问题，炮弹类型少，关键技术改良缓慢。清军炮弹不一定代表其制弹技术的实际水平。从材质看，分石弹、铜弹、铁弹、铅弹等，铅弹、铁弹较多。清朝重炮受限于口径，发射的却是重量偏轻的球形实心弹，此与泥模铸炮法以及铁炮材质多为白口铸铁有关，在攻击西洋船时常有“碰回”之说。清朝也仿制了西洋爆炸弹。清军火药含硝量偏高，极易吸湿转潮，储存不方便。闽粤改进了炮用火药的一些配方，在与西洋侵略军对垒中用于实战。

① 孙烈. 德国克虏伯与晚清火炮——贸易与仿制模式下的技术转移. 济南：山东教育出版社，2015.

第六章　清军炮架类型及用于测准的工具

第一节　中国炮架的发展历程

火炮机动性是衡量火炮技术优劣的重要参数，火炮与炮架配合方能发挥作用。

炮架是支撑炮身并使其便于射击与移动的各部总称。鸦片战争前后的中西野战炮为便于越野，炮架常使用 2 只大车轮，而要塞炮和舰炮由于移动距离短，炮架常使用 4 只小车轮。炮架按结构分为刚性炮架与弹性炮架两种。炮身通过耳轴与炮架连接的称刚性炮架或架退式炮架，安置于此的火炮称为架退炮。炮身通过反后坐装置与炮架连接的称弹性炮架或管退式炮架，安装于此的火炮称为管退炮或速射炮。同口径的管退炮的射速通常是架退炮的 4～5 倍。19 世纪中叶的中西炮架是架退式，炮身只能绕耳轴俯仰转动，发射时与炮架整体位移。为了抵消后坐力，保持火炮的稳定性，只能增加炮重，在人工搬运、用牛马拖运以及发射时均很困难。若再次发射，需将火炮推回原处，重新填弹装药，瞄准需要时间，故射速很慢、机动性不强。至于管退式火炮，在 19 世纪末才出现。

《皇朝礼器图式》约 20 种火炮中，大部分有炮架，二、三、四轮或三角支架不等。行营信炮与回炮没有炮架。前者置地施放，坐地朝天，故无炮架。后者安装于鞍座上用牲畜驮载。

清朝制造了“冲击便利”的轻型火炮，此也代表了火炮制造向改善机动性发展的正确方向，炮架随之向轻型化方向发展[图 2.10

（b）]。从雍正开始，清廷研制和生产火器的迫切性大为降低。至乾隆时，火器制造更是墨守成规。此时许多火炮只以炮车作为载运工具，在演放或实战中则弃之不用。若以人力运炮，是一项沉重的负担。鸦片战争时期中西方对此都有不少评论。

早期炮架无论类别，多用木轮、木架制成。15 世纪末，法国提出炮耳的设计原理，这样，炮就可以很方便地装在带轮子的炮架上，并可进行较为精确的瞄准和测距。轮式炮架较以往的床式炮架提高了机动性，使火炮易于运动和调整射击方向。《火攻挈要》中说：大铳之用车，犹利剑之必用柄也，剑非柄则无以把握，铳非车则难以机动。故铳车之制，必长短厚薄，大小尺量，比例合法……亦以铳口空径为则……车下安轮，欲俯仰攻，则以木垫上下垫之；欲左右攻，则转轮毂，便能随意点放。装配时所用的销、箍、钉，都有确定的数量和严格的要求，以保证装载火炮时能机动作战。[①]

清军炮架多用粗劣的寻常杂木制成，炮手调整方向极其困难。英人对中英大角之战记载道：中国大炮很长，属中国式，可放 12 磅弹或 24 磅弹，其中两架大炮例外，显然是英国大船的旧式大炮。他们的炮车是最普通的一种，只有几辆有轮，别的只不过是上面搁着炮的木床罢了。[②]

不少统兵大员限于财力或敷衍，对炮车、炮架不甚重视，许多用以作战的火炮甚至没有炮架，或两门大炮被安放在同一炮架上，其性能可想而知。至 19 世纪中叶，清朝火炮改变了康—乾时期由重到轻的趋势，与之匹配的炮架必然庞大笨滞（表 6.1）。至英法联军侵华之役时，清军炮架技术变化不大，且因巨炮多，炮架更为重滞。

---

① 徐新照. 明末两部“西洋火器”文献考辨. 学术界，2000（2）：196-207.

② Bingham J E. Narrative of the Expedition to China，from the Commencement of the War to Its Termination in 1842. London：Henry Colburn，1843.

表 6.1　鸦片战争时期清朝沿海炮架概况

区域	事件	炮架概况	总结
广东	中英穿鼻之战	从距离看来，中国的炮和火药是很好的，只是不能自由地上升下降，炮弹太高，多无效果①	灵活性差
	中英大角之战	他们的炮车是最普通的一种，只有几辆有轮，别的只不过是上面搁着炮的木床罢了	只有几辆有轮
	中英广州之战	炮架不能运转取准②	灵活性差
	靖逆将军奕山等奏报	查从前旧式炮架笨滞坚涩，旋转不能如意，且系寻常杂木，木性松脆，一经炮发震动，榫缝开裂，既难取准，又不能再行施放③	材质、性能差
福建	中英厦门之战	许多大炮安装欠佳，一般来说，炮架的设计不对头，而且时常出毛病。有些地方在大炮上面安放着沙袋，以防大炮从炮架中因震动而跳动④	设计、质量不佳
		乃将各城巨炮，运至厦门，排列海口，而炮身极重，非数十人不能拉挽，制军惜贵，不造炮车。及逆船至，兵士见其帆影已将炮放完⑤	无炮车
浙江	中英首次定海之战	清军从舟山城墙上开炮，从它们的组合来看，既不能旋转也不能升降。再加上火药不好，炮火对英军杀伤力不大⑥	灵活性差
吴淞	英军进犯吴淞	清军小心地装好大炮，如果他们的大炮精良，不像看到的那么笨重，既没钻孔，也没上架，这样的好机会，他们的炮手正可以用来把绝大部分的船只桅樯摧折⑦	无炮架
		炮位不能升降自如，无法把大炮降低到一定的水平，因而不能施行有效的射击⑧	灵活性差
山东	山东巡抚梁宝常记述	现存炮架无多，且体质笨重，旋转不灵，其余无架者即置放平地，临时难以运动⑨	灵活性差

① Bingham J E. Narrative of the Expedition to China，from the Commencement of the War to Its Termination in 1842. London：Henry Colburn，1843.

② 中国史学会. 中国近代史资料丛刊·鸦片战争. 上海：神州国光社，1954.

③ 中国第一历史档案馆. 鸦片战争档案史料（Ⅰ～Ⅶ）. 天津：天津古籍出版社，1992.

④ Bernard W D. Narrative of the Voyages and Services of the Nemesis from 1840 to 1843. London：Henry Colburn，1844.

⑤ 张集馨. 道咸宦海见闻录. 杜春和，张秀清点校. 北京：中华书局，1981.

⑥ Jocelyn R. Six Months with the Chinese Expedition：Or，Leaves from a Soldier's Note-book. London：John Murray，1841.

⑦ Ouchterlony J. The Chinese War：An Account of All the Operations of the British Forces from the Commencement to the Treaty of Nanking. London：Saunders and Otley，1844.

⑧ Bernard W D. Narrative of the Voyages and Services of the Nemesis from 1840 to 1843. London：Henry Colburn，1844.

⑨ 中国第一历史档案馆. 鸦片战争档案史料（Ⅰ～Ⅶ）. 天津：天津古籍出版社，1992.

续表

区域	事件	炮架概况	总结
直隶	赛尚阿奏报	惟自涧河一带炮位，多无炮车，均用木架，似不便于轮转。奴才逐一指示，令其于木架安放铁轮，以便发炮后拉回装放，不致张皇[①]	多无炮车
盛京	盛京将军禧恩奏报	一发之后，转动甚难[②]	灵活性差

第二节　鸦片战争时期清军炮架的些微改良

清军在与英军的较量中屡败，故在战争后期，为了满足提高火炮机动性的迫切需要，沿海省份对炮架逐渐重视，木质、技术和性能有所提升（表 6.2，图 6.1、图 6.2），数量增多。林则徐和龚振麟在镇海制成了适合重炮的四轮枢机磨盘炮车（图 6.3），陆海皆可使用。据此推论，也可能应用于铁模炮。此车曾在浙江部分地区、江苏江阴小石湾炮台使用过。其机动旋转的炮架理念可能是接触英军卡隆炮架后萌发的。

表 6.2　鸦片战争时期清朝沿海炮架的改进情况

区域	事件	炮架改进情况
广东	靖逆将军奕山等奏报	拣选至坚至重之……木，装作两层，上层四小铁轮，中贯铁芯，如磨盘式，以便旋转……除一万余斤之大炮架尚须筹议制办外，其已经制造之大小炮架计一千五百余座。内有照旧用式样另换工料者；有平底两层，四轮中用磨盘心者；有照夷式，四轮两旁加用滑车，以便牵拉进退者；又有照夷船内，所用炮架分为两层者[③]
浙江	中英镇海之战	中国人已经建立了一个车间，制造炮架，样式是模仿英军炮架，但是更坚固，这比以前见到过的要好[④]

① 中国第一历史档案馆. 鸦片战争档案史料（Ⅰ～Ⅶ）. 天津：天津古籍出版社，1992.

② 中国第一历史档案馆. 鸦片战争档案史料（Ⅰ～Ⅶ）. 天津：天津古籍出版社，1992.

③ 中国第一历史档案馆. 鸦片战争档案史料（Ⅰ～Ⅶ）. 天津：天津古籍出版社，1992.

④ Murray A. Doings in China：Being the Personal Narrative of an Officer Engaged in the Late Chinese Expedition. London：Bentley，1843.

续表

区域	事件	炮架改进情况
吴淞	英军攻陷吴淞	在一座兵工厂里，清军炮车的一般式样都很简单，但也有一些改良过的新式炮车。大炮装在车上后，中间插上一根横轴，使炮位固定，后膛安放在炮座上，可以随意左右移动①
直隶	直隶总督讷尔经额奏报	现制四轮小车，每车用乡勇二人纤挽，一兵照应打放，远近左右随方转向，处处可以挽行②

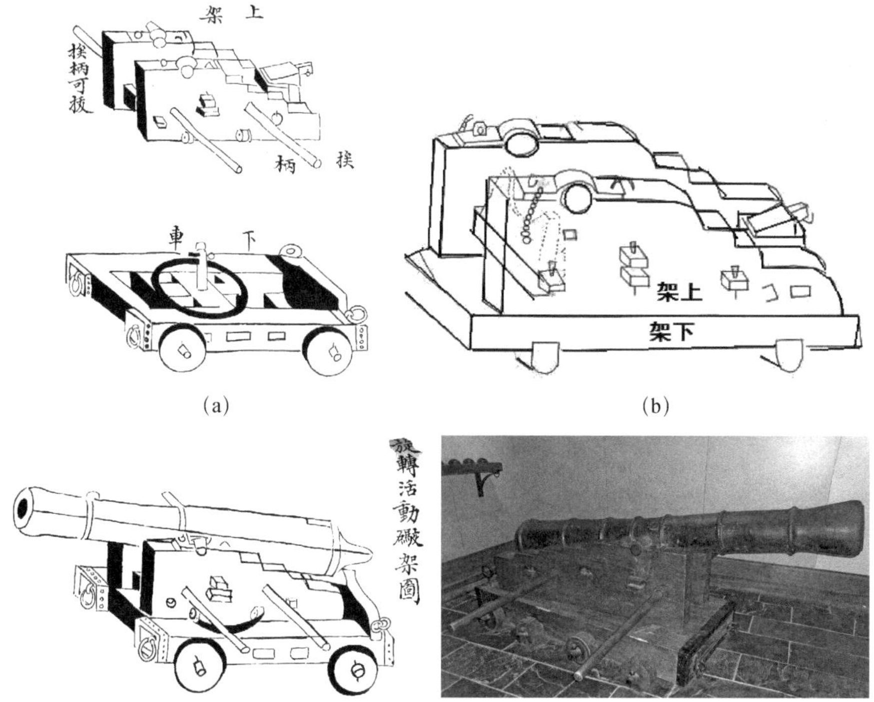

(a) (b) (c) (d)

图 6.1 《演炮图说辑要》转动炮架，及福建福州林则徐纪念馆展览的复制品（d）

① Loch G G. The Closing Events of the Campaign in China：The Operations in the Yang-Tze-Kiang；and Treaty of Nanking. London：John Murray，1843.

② 中国第一历史档案馆. 鸦片战争档案史料（Ⅰ～Ⅶ）. 天津：天津古籍出版社，1992.

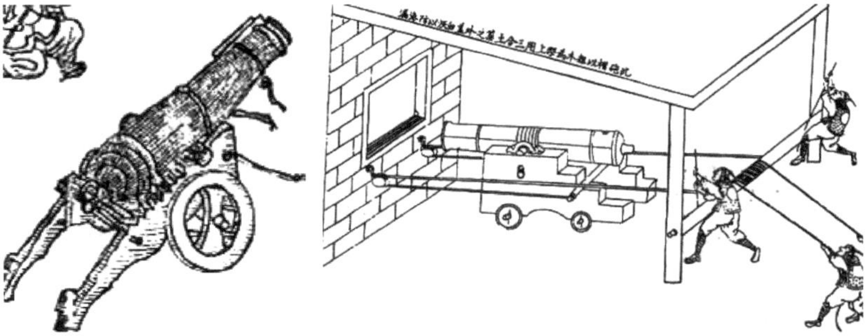

(a)　　(b)

图 6.2　架退式炮架：（a）《演炮图说》；（b）《海国图志》

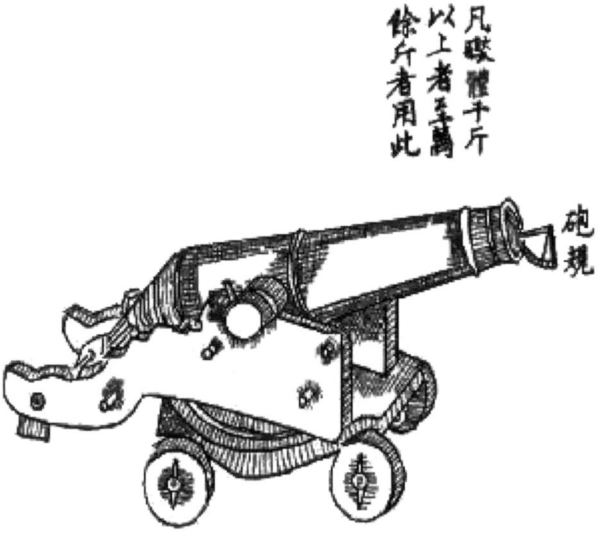

图 6.3　磨盘炮车（《海国图志》）

17 世纪以来，西洋诸国火炮形制、规格与炮兵编制改革一直是军事改革的重点。18 世纪中期以来的西洋陆海用火炮和其炮架大小相对中国而言，制作精巧，炮膛又多系镗床钻就，可以造得更轻。截至 19 世纪中叶，英军配备双轮陆炮架、四轮滑车的舰炮架、卡隆炮所用的旋转炮架，以及辅助的众多发射工具。清朝与西洋颇有差距，故龚振麟等利用中国原有技术，又糅合英军卡隆炮架旋转发射的优点，创出此类炮架，体现了世界兵器发展趋势。但是，此改进的炮架仅靠枢轴运转，机动性解决了，但后坐力对枢轴伤害的问题难以克服，故实战性有待考证。

清朝战船技术也制约着舰炮的机动性发挥（表 6.3）。从嘉庆初年到道光末年，以福建和广东绿营水师装备的外海战船最具代表性，其规模和炮火威力与 17 世纪来华的西洋商船水平相当。战船尚未采用转舵装置，仍依靠多人在甲板上大幅度用力转舵。在 19 世纪中叶，为对抗江浙沿海的海盗，宁波、上海商人开始将西洋轮船用于护航捕盗。至英法联军侵华之役时，清军水师战船载炮少且小，机动性与西洋相比差距明显。

表 6.3　鸦片战争时期清朝沿海火炮射击精度概况

地区	事件	射击精度概况	总结
广东	西人在虎门观察	虎门周围的清军战船与炮台上使用的大炮，炮架只是一种木架或坚硬固定的炮床，上面用藤把炮绑住，因此炮只能直射，极难瞄准任何目标，除非目标紧靠在炮眼前面[①]	只能直射，射击精度差
	虎门所购西洋夷炮二百位不能中之弊	炮台依山者，前低后高，依水者四面受敌，皆易受飞炮，是建置不得地。山炮限于石洞，台炮限于垣眼，陆炮木架不能运转左右，是以呆炮击活船。兵士施放不熟，测量不准，临时仓皇，心手不定（《海国图志》）	炮台与炮眼设计不合理，炮手欠训练，致射击精度差
	英军进攻沙角、大角炮台	炮台上的炮被固定得过高，只能破坏英国船只上的横帆[②]	过高、固定发射，射击精度差
	靖逆将军弈山等奏	查旧筑炮台，依山者高出水面，在水中四面受敌，既无遮蔽，又无暗道，炮位安放太高，炮架不能随意掉转，故往往发而不中[③]	炮位与炮架安放不合理，致射击精度差
福建	钦差大臣怡良等奏	盖击逆船于风涛上下之中，十炮未必中五，彼于船腹击岸上之兵，只须向人多处乱放，其难易固灼然可见也[④]	英船机动性、射击精度好

① 广东省文史研究馆译. 鸦片战争史料选译. 北京：中华书局，1983.

② 黑尼斯三世，萨奈罗. 鸦片战争：一个帝国的沉迷和另一个帝国的堕落. 周辉荣译. 北京：生活•读书•新知三联书店，2005.

③ 中国第一历史档案馆. 鸦片战争档案史料（Ⅰ～Ⅶ）. 天津：天津古籍出版社，1992.

④ 中国第一历史档案馆. 鸦片战争档案史料（Ⅰ～Ⅶ）. 天津：天津古籍出版社，1992.

续表

地区	事件	射击精度概况	总结
浙江	中英首次定海之战	山上的清军约有 800 人，安装了 6 门火炮，但是，既不能瞄准也不能对准[①]	炮位与炮架安放不合理，致射击精度差

清朝炮台修造技术也制约了火炮机动性的发挥。明末清初，西洋棱堡（雏形）在中国小范围地修筑过，但是，至 19 世纪中叶，海防与江防炮台仍然沿用宋朝以来的长墙高台式的露天建筑，患在散、小、弱。清朝海防的战略假想敌本来是海盗，故此时期炮台除作为海口要塞外，主要履行管理船只进出、协助海关缉拿走私等职能。炮台的炮眼常过大或过小，炮架多为固定式，缺乏进攻意识，射界受到限制，有的甚至只能单向发射，大大降低了其射击精度和杀伤效果，更不要说还有官兵缺乏训练的劣势，从而使炮台防御性能更劣。在同治与光绪两朝，清朝引进当时世界上先进的海防理念，随之用西方棱堡筑城体系来修造江海炮台，主要发挥御敌的功能。

旋转活动炮架在鸦片战争之后的天津大沽口炮台得到了配置，但效果一般。参加 1860 年 8 月第三次大沽口之战的西人这样描述：这些安放在高大炮架上的七吨重铜炮，整体置于笨重且无法吸纳后坐力的木制炮车上，通过底盘中央的大型木制枢心即可转动。[②]

侵华法军司令蒙托邦对 1860 年 8 月清军北塘炮台内的炮架记述道：这些大口径大炮被架设在两个平行木质横墙上，另有两堵平行横墙与木质横墙的末端相连，起支撑作用……铁质炮耳覆盖在木质长方形横墙的长边上。这个发射系统由强大的滚轮支撑，可以向任意方向转动。然而，这装置非常笨重，因此其内部架设的所有大炮却只能朝一个方向发射，由此看出中国炮兵部队的设备不太

① Jocelyn R. Six Months with the Chinese Expedition：Or，Leaves from a Soldier’s Note-book. London：John Murray，1841.

② Tulloch A B. Recollections of Forty Years’ Service. London：Blackwood，1903.

先进。尽管架设大炮的装置丑陋不堪，中国人却拥有全口径的真正大炮。[①]

同时期的侵华英军对部分清军炮架评论道：清朝各地常见的大炮通常用铁铸成，非常笨重，而炮座没有轮子，也没有任何升降设备。[②]

为抵御西洋侵略军，清朝开始使用质量好的松木和樟木制造炮架，用铁加固，有双轮、三轮和四轮之分。从总体上看，沿海各省制作的新式炮架，车轮偏小，功能是防御性的，缺乏主动进攻的创新性。[③]清朝沿海炮架的缺失或机动性欠佳，直接影响射程和射击精度。在英法联军侵华之役中，法国人对清军炮架机动性不好做出如下评论：清军一直以为联军会从海面发起攻击，却丝毫未料到联军登陆后从侧面攻击炮台。清军慌忙改变战略，调转大炮的炮管方位，但是炮管太重，转动起来绝非易事……清兵一时难以调整好炮管方向。[④]他们不得不为了迎战而把大部分火炮转向，他们要把这些大炮调转方向可没少费劲……他们的大炮一旦瞄准某群士兵所处的位置，开炮就不会改变方向，这些抛射物往往会错过目标，只要这群士兵从第一发炮弹飞过来之前就移动位置。只要蛇形前进，就能够相当轻松地避开危险区域。[⑤]

除了方向调整困难，清军火炮的射程调整也有局限性。西人描述道：在我们距离他们 1500 米时，中国人的炮火还相当精确，但在 400 米的距离，他们的炮火就变得毫无威胁了。[⑥]这主要是因为清军大炮的有效射程比较固定，在战斗中无法及时调整。[⑦]

---

① 蒙托邦. 蒙托邦征战中国回忆录. 王大智，陈娟译. 上海：中西书局，2011.

② 沃尔斯利. 1860 年对华战争纪实. 江先发，叶红卫译. 上海：中西书局，2013.

③ 刘鸿亮. 中英火炮与鸦片战争. 北京：科学出版社，2011.

④ 马蒂埃. 从巴黎到八里桥. 陈丽娟，陈沁译. 上海：中西书局，2013.

⑤ 埃利松. 翻译官手记. 应远马译. 上海：中西书局，2011.

⑥ 保罗. 远征中国. 孙一先，安康译. 上海：中西书局，2011.

⑦ 穆特雷西. 远征中国日记. 魏清巍译. 上海：中西书局，2013.

第三节　清军火炮测准工具

射击精度是火炮的一个重要参数，这涉及弹道学理论。在19世纪中叶中西枪炮射程较短的情况下，射击精度是一个笼统的概论。所以，16～19世纪，人们更重视火炮口径的大小。舰炮的射击精度通常比岸炮、野战炮更低。

火炮测准涉及火炮设计原理、材质与制造技术的概况，火炮游隙值的大小和弹药性能，发射时辅助工具的配备，炮手训练是否到位等因素。

火炮发射时测准主要由矩度、象限仪、铳尺、准星、照门、立表等部件相配合。明清时西洋火炮测准技术领先。

明清炮手发炮须根据“炮表”以及一些辅助工具进行。明末《西法神机》中有“炮表”的较早记录。清朝主导型红夷炮多是由口至尾渐粗，故在平射瞄准时射弹会产生高越现象。炮术家模仿西方发明的星斗加以解决。炮手先令经过星斗之视线与炮膛的中心线尽可能平行，次从星斗瞄准目标，再由弹着点所偏的距离，通过几何学法则估算并调整准星。①

在英法联军侵华之役中，清军曾利用瞄准器瞄准和用矩度测量火炮发射远近，但火炮射击精度在实战中普遍不好，这与清军训练荒疏等密切相关。法军司令蒙托邦对清军火炮射击精度记述道：从炮台里打出来回击我们的圆炮弹几乎没对我们的士兵造成困扰，只是有几枚炮弹落到了队伍附近。炮台里的火力非常密集，但是准头很差。圆炮弹或者从我们头顶呼啸而过，或者落在我们的眼前，我

① 黄一农. 红夷大炮与明清战争. 成都：四川人民出版社，2022.

方基本没有什么伤亡。[①]

至19世纪中叶，中西主导型火炮都是使用刚性炮架的前装滑膛加农炮，机动性不会太好。火炮测准技术成为制胜的一个重要因素。清朝火炮受材质和泥模铸炮技术的局限，发射时会出现偏差。明清的弹道学水平发展迟缓，19世纪中叶相比17世纪末缺少质的提升。在英法联军侵华之役中，西洋炮材质好，机器加工炮膛工艺精细，战船与炮架机动性也好，使射击精度提高不少。

---

① 蒙托邦. 蒙托邦征战中国回忆录. 王大智，陈娟译. 上海：中西书局，2011. 另参见布隆戴尔. 1860年征战中国记. 赵珊珊译. 上海：中西书局，2011；穆特雷西. 远征中国日记. 魏清巍译. 上海：中西书局，2013.

第七章　清军子母炮、抬炮

鸦片战争前后，清朝军队拥有不少子母炮及抬炮，这些形制的火炮是怎么产生的，其演变历程如何，在陆海战场上起什么作用，这些问题颇令人着迷，作为专题探讨颇有必要。子母炮是中国对西洋佛郎机炮技术的改进物，而抬炮是中国的独有物，二者都是适应火炮机动性提高潮流的产物，具有传承关系。

第一节　明清子母炮的发展渊源

“佛郎机”一词在明末清初文献中主要有四种含义：葡萄牙、西班牙、法兰西、西洋火器。由此可见，当时中国社会对西方认知的匮乏和混乱。[①]16 世纪下半叶以后，欧洲重视加农炮的技术更新，很多国家放弃了佛郎机型火炮，更看重加农炮的杀伤力。

佛郎机炮是第一种从欧洲传入中国的火炮，也是中国较早采用的后装火炮。该炮传入中国主要涉及两个历史事件：葡萄牙人到广州；朱宸濠的叛乱。朱宸濠叛乱被荡平后，士人广知葡炮，为其在中国的普及建立了基础。明葡战争后，更多有识之士认识到此炮的威力，仿制工作受到重视。武器的推广与明朝官员的倡导息息相关，如汪鋐。佛郎机炮的部署使嘉靖时期“南倭北虏”的局面逐渐得到

---

① 刘天元，卓越. 从“佛郎机”到“西班牙”——清代中国对西班牙认知的发展. 江苏第二师范学院学报，2017（3）：85-90.

控制，而此炮也成为明军水陆部队的基本武器。[①]

明末火器的大发展使以步克骑、以车克骑的战术得以实施，并逐渐成为明军战略思想的主流，骑兵作用进一步降低，战场上的作战模式已经向着热兵器时代过渡。

清朝初期，红夷炮和佛郎机炮在军队中装备。康熙以后，清人逐渐称佛郎机炮型为“子母炮”，其使用时间长、范围广，设计与《西法神机》《火攻挈要》等记载接近。[②]子母炮主要有两种（图 7.1），《皇朝礼器图式》载：“子母炮一。谨按，本朝制子母炮，铸铁为之，前弇后丰，底如覆笠。重九十五斤，长五尺三寸。通髹以漆，不锲花纹，隆起五道，加星斗，旁为双耳。子炮五，如管，连火门，各重八斤，受药二两二钱，铁子五两。炮面开孔，与子炮相称。用时内之，固以铁钮，递发之，相续而速。载以四轮车，如凳形，中贯铁机”“子母炮二。谨按，本朝制子母炮，铸铁为之，重八十五斤，长五尺八寸。末加木柄，后曲而俯，以铁索联于车上。用法如子母炮一。载以四轮车，亦如子母炮一之制”。该书记载的奇炮：“本朝制奇炮，铸铁为之，后通底，旁如牡钥。重三十斤，长五尺五寸六分……近口为照星，中加斗，素铁火机，旁为双耳。子炮四，如管，连火门……后加木柄，曲而俯。”

子母炮二是木柄铁子母炮，与子母炮一的区别是，炮管后镶一弯曲木柄。两种子母炮均配有高足四轮炮架。至乾嘉时期，子母炮的布防几乎遍及全国，火器营前往卢沟桥演炮致祭。不过，至 19 世纪中叶，清军佛郎机型火炮技术多仍是清初技术的继续，威力较小的缺点没有改变。[③]《海国图志》：“制炮始于佛郎机，故回人谓炮为佛郎机。今中华惟子母炮尚存旧号。粤人谓之搭提，闽人谓之

① 周维强. 佛郎机铳在中国. 北京：社会科学文献出版社，2013.

② 周维强. 佛郎机铳在中国. 北京：社会科学文献出版社，2013.

③ 周维强. 佛郎机铳在中国. 北京：社会科学文献出版社，2013.

板槽，以其身有一槽，中加铁板塞紧，各以其意而名之也。大炮而外御寇破敌，无逾于此轻快便捷，顷刻可叠发数出，连环不断。兵录最取此种为第一。”

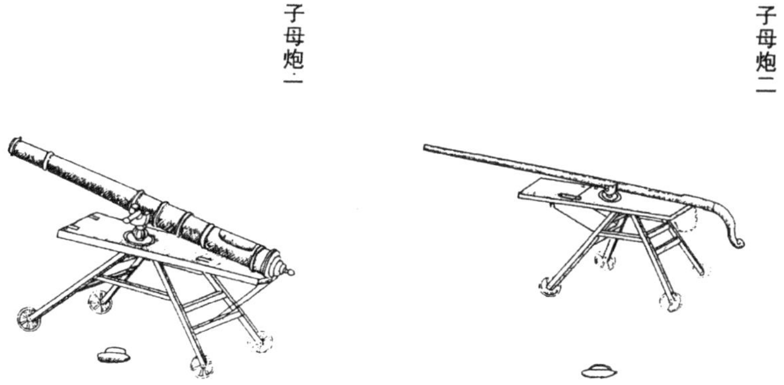

(a)　(b)

图 7.1　《皇朝礼器图式》两种子母炮

子母炮的威力主要在射速方面，其真正火力与红夷炮不可同日而语。

第二节　清 军 抬 炮

鸟枪、弓矢、火炮被列为清军装备的三大武器。清朝火器发展有高潮和低潮，总的来说继承了明末的水平，进步不大。有一点进步是，清朝淘汰了明朝广泛使用的三眼铳及单管火铳等原始落后的火门枪系列，火绳枪（鸟枪）成为军中制式装备。清朝时鸟枪几乎没有改进，燧发枪等先进火枪仅用于宫廷却未装备部队，绿营装备的鸟枪枪身加长，可射程和威力仍停留在明朝水平。尽管至鸦片战争时装备火枪的士兵接近一半，但是实战乏力。火炮方面，性能进步不大，却以眼花缭乱的“神威”“无敌将军”等来命名。①

清朝抬炮（小型的称为抬枪，常混称）因体长，需扛抬以行，故得名。抬炮与红夷炮、子母炮等相比，优势在于体轻、灵活，用人力就可运输和快速投入战斗。管长，口径小，火药爆炸后产生的压力大，射程增加。施放抬炮一般需要 2～5 人，行军时一同抬炮前进，作战时分工明确，如炮手操作熟练、装填弹药迅速，射速可达 1～2 发/分钟。大型抬炮还配有两脚或三脚支架。关于抬炮的兵员配备，山西巡抚杨国桢称：查阅营伍，抬炮一项，每炮重五十余斤，一位需兵五名，未免笨重。臣父杨遇春从前所演抬炮，每炮只需兵三人，甚为便捷。②

两江总督裕谦言道：其余各项枪炮虽皆可以取携自如，而求其简便神速又能致远，可资大炮之所不能者，为抬炮最为得力。③两江总督耆英云：抬炮一项，无论水陆皆称利器。④佛山地区大量打造，并配备水陆部队。《兵技指掌图说》是讷尔经额主持绘制的图解教材，内容包含鸟枪、抬枪等的练法。

清军抬炮与当时的西洋火炮相比，除制造工艺不敌外，炮身太长（弹药装填及射击均不便），点火装置落后，射速慢和射程近，杀伤力弱。射程虽比一般步枪远，可达 2000～4000 米，但在这一距离，抬炮手常遭到敌军炮火的攻击和压制，因此威力很难发挥。中英乍浦之战中，西人发现：清军抬炮由 2～3 人发射，在一个三脚架或一个人的肩膀上，发射铁片或重达 0.5～1 磅的圆球炮弹。⑤中英镇江之战中，西人发现：清军从城墙上开炮，但用的是 18 世

① 毛宪民. 清代火枪述略. 满族研究，2005（4）：48-53.

② 陈桦. 清史编年：道光朝. 北京：中国人民大学出版社，2000.

③ 中国第一历史档案馆. 鸦片战争档案史料（I～VII）. 天津：天津古籍出版社，1992.

④ 中国第一历史档案馆. 鸦片战争档案史料（I～VII）. 天津：天津古籍出版社，1992.

⑤ Fay P. The Opium War，1840-1842. Chapel Hill：University of North Carolina Press，1975.

纪的一种叫作抬枪的武器，又笨又重，必须架在三脚架上。[①]英法联军侵华之役中，西人发现：清军骑兵有些抬炮，通常是两匹马一起拖着炮架子（三脚架）走。有位士兵的职责是站在架子后面扶着，经常因为炮的后坐力而被撞倒。这些炮加上火绳枪，使他们保持着不错的火力，但是没有造成太多的伤亡。[②]

曾国藩改进火器操作方式，将抬炮施放由三人改作四人，使其“能快能准”，鸟枪施放则由一人改为两人，提高了兵器的使用效率。[③]

佛山造抬炮曾及时配备于正准备反攻法军的冯子材部队，增加了战斗力，支持其在镇南关取得大捷。此时的抬炮虽落后于时代，但山地重炮起运不便，而抬炮在此颇起到了出奇制胜的作用。[④]

第三节　洋务运动时期的抬枪

洋务运动拉开了中国向西方学习的近代化帷幕，传统社会向近代的转型首先在器物层面展开，逐步扩大到制度层面和精神层面。枪炮及其弹药涉及的西洋技术转移内容丰富，成就突出，问题凸显，具有典型性。[⑤]

19 世纪 70 年代后，抬炮逐渐小型化，称为抬枪（图 7.2），虽说是早期抬炮和子母炮的“精神续作”，但从结构上来说并无太大

---

① 黑尼斯三世，萨奈罗. 鸦片战争：一个帝国的沉迷和另一个帝国的堕落. 周辉荣译. 北京：生活·读书·新知三联书店，2005.

② 麦吉. 我们如何进入北京——1860 年在中国战役的记述. 叶红卫，江先发译. 上海：中西书局，2011.

③ 曾国藩. 曾国藩全集. 2 版. 长沙：岳麓书社，2011.

④ 罗一星. 帝国铁都：1127—1900 年的佛山. 上海：上海古籍出版社，2021.

⑤ 欧阳跃峰. 1860 年：巨痛与自强. 上海：东方出版中心，2015；孙烈. 德国克虏伯与晚清火炮——贸易与仿制模式下的技术转移. 济南：山东教育出版社，2015.

关系，而是当时晚清引进的各种后装枪械的放大版：有火绳点燃式、击发式和活门式几种。金陵机器制造局（简称宁局）生产的抬枪是晚清军队的常用武器。①

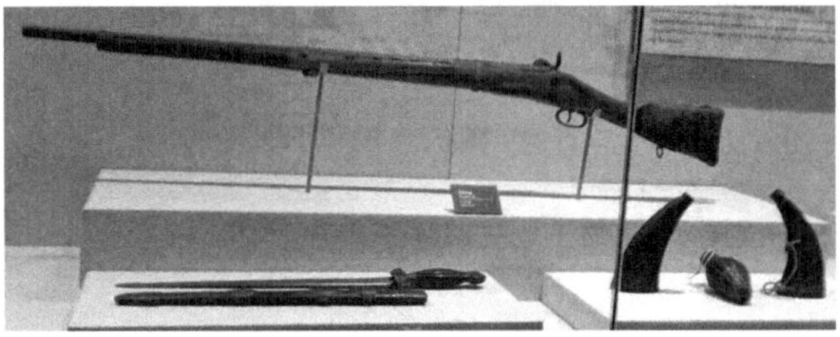

图 7.2　深圳南山博物馆展览晚清抬枪（笔者摄）

雷明顿-李步枪使用“弹匣”，逐渐普及。清朝曾进口过为数不少的雷明顿-李步枪，被宁局放大成抬枪的雷明顿-李步枪直接取消了弹匣，成了纯粹的单发步枪。

在欧美公私收藏的晚清后装抬枪中，天津机器局制造的抬枪（图 7.3）占多。相比采用雷明顿-李型的宁局抬枪，天津机器局抬枪的设计特殊，仿自美制华尔-博通步枪。还有抬枪属于 19 世纪中后期典型的斯普林菲尔德活门步枪。②

图 7.3　天津博物馆展览天津机器局产抬枪（陈一川摄）

① 陈一川. 船坚炮利|挽弓当挽强：中俄博物馆中保存的四枝晚清后膛抬枪. 澎湃新闻，2022-03-04；王尔敏. 清季兵工业的兴起. 桂林：广西师范大学出版社，2009；《中国近代兵器工业》编审委员会. 中国近代兵器工业——清末至民国的兵器工业. 北京：国防工业出版社，1998.

② 陈一川. 船坚炮利|挽弓当挽强：中俄博物馆中保存的四枝晚清后膛抬枪. 澎湃新闻，2022-03-04.

鸦片战争前后，晚清军队拥有不少子母炮以及抬炮。清朝子母炮源于明朝从西洋引进的佛郎机炮技术，与红夷炮相比，威力大为逊色，但因装填弹药相对方便，在战船上使用较多。清朝中期，山区作战，笨重的红夷炮很难派上用场，适宜轻型和机动性强的子母炮。金相检查发现：有的小型子母炮系熟铁打造后钻孔而成，大型子母炮系铸造而成。至乾嘉时期，子母炮布防几乎遍及全国。抬炮也机动灵活，适合山区作战。洋务运动时根据引进的枪械仿制了不少抬枪。宁局、天津机器局生产的抬枪是晚清军队的常用武器。

第八章　明清复合炮

世界铸炮史表明，明朝在模仿西方造炮技术的基础上制造的复合炮在世界火炮史上占有一定地位。由于制造技术复杂、成本很高，数量在总体中并不占优势，但侵略军对之也时有提及。

第一节　明清复合炮技术

明朝引进了佛郎机型火炮，嘉靖时用泥模铸造技术已能生产出铁芯铜体的佛郎机火炮。铁芯在铭文中被称作“铁里”，此技术具有节省铜以及统筹利用铜铁材质的优点，可使炮体性能增强，比同样壁厚的单层火炮坚固、轻，机动性增强。炮管层层相套，口内径不会很大，这虽然减小了炸膛的概率，但发射的炮弹必然相对较小。

复合炮技术并非中国的专利，但明朝铸铁业领先，故此炮质量较优。

17 世纪中外复合炮最大的差别在铁芯，中国很早就出现使用耐火材料的椭圆形竖炉，且有以水力驱动的鼓风装置，故制炮时采取较简便的铸造法。锻造法较费工费时，产品质地较铸造法坚固，只不过令管壁保持匀直的技术门槛颇高。欧洲由锻造炮到铸造炮的过程中，或曾多方尝试复合炮的制造法，复合的方式具有多样性。①

明末《祝融佐理》记载了结合铸造与锻造工艺的双层铁炮技术：

---

① 黄一农. 红夷大炮与明清战争. 成都：四川人民出版社，2022.

先用椎击熟铁为筒，而后以生铁附铸，始可保无炸裂。

复合炮内柔外刚，结合了复合材料的长处。[①]《西法神机》对复合炮内膛制法也有说明：铳则有铜者，有生铁者，有熟铁者，有铜铁相兼者，或铸或椎，轻者可椎，重者必铸……惟铜铁相兼者，视纯铜差省而坚过之，亦椎亦铸，可大可小。然此最为精器，亦难多得。

明朝万历末年开始，炮匠借鉴佛郎机子母炮的不同材质，研发铁芯铜体复合炮。其内壁之铁管应为锻造，外壁则为铸铜或铸铁。此后清朝也量产出结构类似的“神威大将军”炮。如顺治、康熙时均制出成批的铁芯铜体炮。该型火炮在明清两朝曾被赋予如“捷胜飞空灭虏安边发熕神炮”、“定辽大将军”、“神威大将军”、“平夷靖寇将军”（图 8.1）、“振远将军”、“振武将军”等名称，显示其在时人心目中的崇高地位。然而，此一先进制法在清朝未成为主流。

图 8.1　中国人民革命军事博物馆展览清道光江南省造“平夷靖寇将军”炮炮口（笔者摄）[②]

此技术巧妙地利用铜之熔点远低于铁的物理性质，于铁胎冷却后再以泥模或失蜡法制模，并浇铸铜壁，如此可通过外铜凝固时的

① 郑诚.《祝融佐理》考——明末西法砲学著作之源流. 自然科学史研究，2012（4）：457-483.

② 炮口至炮耳 142 厘米，炮口至火门 242 厘米，口内径 11 厘米，底径 43 厘米，炮耳损坏。有瞄准范线和砂眼。

收敛而增加炮体的抗压强度。[①]

有的复合炮内层是熟铁或低碳钢，外层是铸铁，复合后克服单层白口铸铁炮使用中容易开裂、炸膛的缺陷。

第二节　晚清复合炮概况

19 世纪中叶，面对西洋船坚炮利的挑战，清朝沿海省份重新启用复合炮技术。但因炮管内壁不够匀称，加上当时欧洲冶铁业进步，清朝复合炮丧失竞争力。[②]英法联军侵华时，清军仍有一些复合炮（图 8.2）。盛京将军玉明奏田庄台修工设防情形折中说：陆路炮库间有存备调之 4000 余斤铁芯铜炮 1 尊，可以拨用。复州属之娘娘宫海口，旧设炮 9 尊，该处炮位较多，内有 7000 余斤之铁芯铜炮 1 尊可以酌拨。（《筹办夷务始末》）

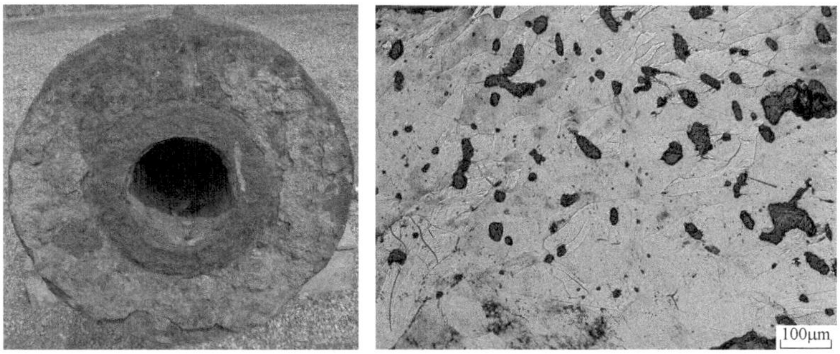

(a)　　(b)

图 8.2　天津大沽口炮台遗址博物馆展览清军复合炮及内膛金相图（笔者摄）[③]

西人曾描述英法联军的部分战利品：为避免铜炮管在发射时过

① 黄一农. 红夷大炮与皇太极创立的八旗汉军. 历史研究，2004（4）：74-105.

② Cunynghame A. The Opium War: Being Recollections of Service in China. Philadelphia: G. B. Zieber, 1845；黄一农. 红夷大炮与明清战争. 成都：四川人民出版社，2022.

③ 炮口至炮耳 119 厘米，口内径 7. 5 厘米，口外径 23 厘米，底径 32 厘米。

热，这些铜炮的内壁加了铁管，比英国的应用要提前好些年。①

中国复合炮在19世纪中叶仍未得到广泛普及，发挥作用有限。随后，因欧洲铸炮材质的提高和后装线膛炮的发明，中国炮匠利用手工生产方式制造的传统复合炮在19世纪70年代以后逐渐淡出历史。晚清不得不摒弃包括复合炮在内的传统制炮法，开始采用欧洲砂模与实心钻膛技术制炮。②阿炮采取了复合结构新原则，在钢筒外面缠绕铁条（后来用钢丝），层层地制造，比砂模与实心钻膛技术更先进。

文献记载和实地考察表明，鸦片战争前后，中国火炮中有一些复合炮，炮体性能增强，加快射速而不必担心炸膛。中国发明时间稍早于南亚的印度和欧洲诸国。通过对铁芯铁体复合炮的金相检查，发现其外层为铸铁，内层主要为熟铁或低碳钢，要比同样壁厚的单层火炮坚固得多。不过，复合炮制造技术复杂，成本很高，在鸦片战争前后的国内外战争中未得到广泛普及，其性能也劣于西方步入工业化阶段的强势火炮。从世界火炮史的角度看，火炮的细节性改良有历史意义，但弱于根本性的变革。

① Tulloch A B. Recollections of Forty Years' Service. London：Blackwood，1903.

② 杜普伊. 武器和战争的演变. 李志兴，严瑞池，王建华，等译. 北京：军事科学出版社，1985.

第九章　清朝铁模炮

鸦片战争时期，中国沿海御敌的失败创痛唤起了国人上下改革旧物的意识。如龚振麟等于道光二十一年（1841 年）在镇海炮局发明的铁模铸炮技术就是其中之一。此也是当时中国上好的炮型，今在浙江镇海口海防历史纪念馆有展览（图 9.1），期待今人穿越时空与之对话。

(a)

(b)

(c)

图 9.1　浙江镇海口海防历史纪念馆展览铁模炮及炮身金相图（笔者摄）

当时亲历其事的中西人士给予铁模铸铜铁炮相当高的评价。时至今日，中西学者仍对其称誉。李约瑟道：龚振麟之重大的铸造发明，比西方使用此发明早大约 30 年……此种模具具有产生冷铸、增加硬度和耐磨的优点。这是战国时期冶金技术一项令人吃惊的高度发展。[①]中国学者对之评论：铁模铸铜铁炮技术是中国火炮史上一个伟大的创造，也是世界兵器发展史上一件十分了不起的事件。[②]但在赞誉之后，我们也产生了诸多疑问：国人在此时期为什么能创出新的铸炮法，此炮型与侵华英军的火炮类型是否有传承关系，二者相比优劣如何？此种炮型在鸦片战争浙东战场上是否发挥作用，为何没有在此后的中国铸炮史上发扬光大？什么因素阻碍了其性能的发挥和工艺的传承？相关研究由于缺乏交叉学科等的辅助而徘徊不前。本章借助中西相关记述，中国境内遗留的铁模炮、卡隆炮实物和金相检查，尝试破解谜团。

第一节　龚振麟及铁模铸炮的发明

中国古代金属器物的铸造，主要有泥范、铁范、失蜡法三大技术，其中泥范工艺可铸炮，铁范铸造工艺制造农具、钱币等，但却为尔后的铁模铸炮法准备了技术条件。

龚振麟，嘉庆年间生，长洲县（今属苏州）监生，素有巧思，有革新思想，好研习西学，对西方算学、火器有一定研究，晚清舰船、火炮研制家。

鸦片战争期间，裕谦为加强海防工事，设立铸炮局，令嘉兴县丞龚振麟、余姚知县汪仲洋、镇海粮台鹿泽长等主管其事。1841年，林则徐抵浙江镇海军营。他提供炮书，协助镇海炮局研铸大炮，仿西式设计制造新式炮车和车轮战船，又亲赴海口观察形势，改造

① 李约瑟. 李约瑟中国科学技术史 • 第五卷 • 化学及相关技术. 第 7 分册. 军事技术：火药的史诗. 刘晓燕，等译. 北京：科学出版社，2005.

② 刘旭. 中国古代火炮史. 上海：上海人民出版社，1989.

炮台和防御工事。[1]镇海炮局还得益于一失事的英国船上的卡隆炮。

龚振麟和同事在镇海炮局发明了铁模铸铜铁炮技术，炮口径变大，炮身粗和短，铸有圆环尾钮和立表装置。他观察英军明轮船后，试造了以人力驱动叶轮击水航行的车轮船，较人力划桨敏捷。浙江巡抚刘韵珂大为夸奖。

清廷刊印《铸炮铁模图说》，分发沿海地区推广应用。刘韵珂评论说：龚振麟于道光二十年六月，调赴宁波军营差委，因素有巧思，在营制造轮船。前钦差大臣裕谦，令督制军营一切器械……如铸造炮位向须合土为模，再行范金倾注，而土模非月余不能干燥，极为费手。该员冥心苦索，创为铁模，试用与土模无异，仍可源源熔铸，且事简功倍，所省工费尤多，不特内地工匠等所未知，并为西洋夷法所未有。(《海国图志》)

1844 年浙江巡抚梁宝常对制造费用作了统计：镇海炮厂先经铸成大小铜铁炮一百一十七位，分拨镇海、定海等处海口军营安设。计铜铁价及运脚工料匠事等项，共用银十万八千五百九十余两，现已入册请销。[2]

第二节　中西相关记载

英人对中英镇海之战的清军火炮记述道：英双桅运输船曾在此海域失事，它上面的 2 门卡隆舰炮被清人俘获，清人以它为模型铸造了铁模炮，二者非常相似。这里有一个非常好的炮厂，许多铁炮和铁模炮还没有铸造好。我还看到了一门我们炮击时仍在铸造的炮模，由于发烫，以致不能触摸。清炮很大，但口径却小，没有超过

① 陈梅龙. 裕谦与鸦片战争史事两考. 史学月刊，2006（11）：125-127.

② 中国第一历史档案馆. 鸦片战争档案史料（I～VII）. 天津：天津古籍出版社，1992.

32 磅弹炮的。在英军驻地附近的一个庙宇，清人已经建造了一个工作车间，以制作炮架。此也是复制我们的，比我们过去见到的要好，但是多是固定的。①

这一陈述认为铁模炮仿制英国的卡隆炮，炮架也是。另一西人说：在镇海岸上的一座炮台上，发现了我们失事的武装运输船的一门卡隆炮，旁边还有一个精良的仿造品。的确，这座城市中的黄铜炮铸得很好，金属很厚，炮口平滑。有些炮车比在清国见到过的任何一种为优。这里有个很大的铸炮所，还有为了铸炮而收集的大约 200 吨铜。②

一位当代西人认为：英军双桅船在向舟山的进发中，携带了 6 门 12 磅弹重的卡隆舰炮，在镇海附近海域失事，2 门卡隆舰炮被清人缴获，幸存人员被清渔民俘获并被带往宁波……中英镇海之战，清军火炮被英军俘获了 157 门，一些很陈旧，一些却是新炮，一门清人按照卡隆舰炮的仿制品。③

从以上三则资料推断：龚振麟铁模炮参考了英军卡隆炮型。清人称西洋卡隆炮为短薄单耳铁炮，粤俗呼为瓦筒口。道光年间，骆秉章奏：夷炮则首尾相等，形似直管。④这里描述的似为卡隆炮。《演炮图说辑要》中绘有卡隆舰炮的形制及炮架结构图：熟铁短炮，重一千斤……身轻质小，故安船面，不碍驶船，然击远不及长炮四分之一，弹发各有高低左右之偏，身短故也。此等短炮，必用此架。

---

① Murray A. Doings in China：Being the Personal Narrative of an Officer Engaged in the Late Chinese Expedition. London：Bentley，1843.

② Bingham J E. Narrative of the Expedition to China，from the Commencement of the War to Its Termination in 1842. London：Henry Colburn，1843.

③ Beeching J. The Chinese Opium Wars. New York：Harcourt Brace Jovanovich，1975.

④ 中国第一历史档案馆. 鸦片战争档案史料（Ⅰ～Ⅶ）. 天津：天津古籍出版社，1992.

第三节　卡隆炮的特点与应用

至 19 世纪中叶，清军海战从风帆兼划桨为驱动力的单层甲板平底船向舷侧安置重炮的大帆船过渡，从撞击和强行登船的海战方式向舷炮齐射的“线式战术”过渡，接近欧洲 16～17 世纪的海战技术。再加上清人长期有欧洲人“长于海战和拙于陆战”的荒唐观念，使用了“以守为战、以逸待劳、以炮台重炮防守”的战术来对抗侵略军。其战船一般不敢出海应战，即使有机动性好但炮管不长的铁模炮，在陆海战中也起不到主战作用。①

在颠簸不定的船上用重炮瞄准非常困难，因此，英船使用炮管短、口径大的卡隆炮（图 9.2），主要在近距离发挥火力，减少了火药量，否则后坐力太大，木质结构无法承受。②卡隆炮是臼炮和榴弹炮的变种，多没有耳轴，依靠炮身中部下面的卡箍安装在轨道炮架上。卡隆炮为轻型炮，适宜战船灵活作战之用。但对海军武器而言，卡隆炮属辅助性而非主战用炮。英国有些卡隆舰炮也有耳轴，《风帆时代的海上战争》中载有此火炮图片。③恩格斯在《卡伦炮》中也特意指出这点。

不过，从 18 世纪末期开始，西洋海战又从线式战术逐步过渡至机动战术。至鸦片战争时期，英军派出的舰船量少质差，对清朝水师作战主要使用机动战术。舰船的主要任务为对岸作战，水陆协同配合，如以吃水浅的炮艇绕过清军要塞，配合大型战船实施夹击

---

① 马幼垣. 靖海澄疆：中国近代海军史事新诠. 台北：联经出版事业股份有限公司，2009.

② 麦尼尔. 竞逐富强：公元 1000 年以来的技术、军事与社会. 倪大昕，杨润殷译. 上海：上海辞书出版社，2013.

③ 兰伯特. 风帆时代的海上战争. 郑振清，向静译. 上海：上海人民出版社，2005；Rodger N A. The Command of the Ocean：A Naval History of Britain 1649-1815. New York：W. W. Norton，2006；刘鸿亮，孙淑云. 鸦片战争时期英军卡龙舰炮问题研究. 社会科学，2009（9）：145-152.

等战法。[①]随着 19 世纪 60 年代铁甲舰时代的到来，海战战法更加接近陆战战法，从此，便不再重视使用射程短的卡隆炮了。

图 9.2　福建厦门胡里山炮台展览英国卡隆炮（笔者摄）[②]

第四节　对龚振麟铁模铸炮技术的评析

龚振麟铁模铸炮的工艺应是借鉴了中国很早就有的铁模制造工具的工艺，当然比起那些较轻的工具，用铁模来铸造火炮确实有不少技术和工艺上的改进。流程主要分三步：第一步制造铁模；第二步对接铁模，浇铸；第三步铸后清理，如用锤收拾内膛。此法一是制作方法的更新，一是炮型模仿西洋卡隆炮，重量轻而机动性增强。有关工艺过程已有较多学者研究，在此不再赘述。

龚振麟总结了铁模铸炮相比泥模铸炮的五大优点。①泥模铸炮法每铸一炮就要做一次泥范，所制火炮尺寸有差；铁模铸炮尺寸可大致统一。②铁模铸炮效率更高，节省人工。③铁模铸炮不受天气影响。④铁模炮修整工作少。⑤铁模炮不易变形，炮膛光滑，施放

① 杜普伊. 武器和战争的演变. 李志兴，严瑞池，王建华，等译. 北京：军事科学出版社，1985.

② 口内径 17. 5 厘米，口外径 27 厘米，底径 46 厘米。

得远；泥模炮发射时更易炸裂。

龚振麟等发明的铁模铸炮技术（图 9.3）贴近近代工业生产，可惜由于封建经济和政治因素的限制，没有继续发展。清朝手工生产方式的技术背景，决定了其制作效率虽高，但炮身加工依然粗糙。从炮身材质来看，白口铸铁的脆性限制其性能，与同期的西洋砂模与实心钻膛铸炮产品相比，性能仍有差距。

(a)　(b)

图 9.3　龚振麟铁模炮，立表遭破坏（笔者摄）①

曾国藩由于对购买西人枪炮将信将疑，曾上奏朝廷请求派龚振麟父子携其铁炮模为湘军造炮，湖南巡抚骆秉章也曾多次向浙江借调龚振麟父子赴湘造炮，但浙江始终不肯放人。骆秉章请黄冕帮助铸炮。后来曾国藩在安庆设内军械所，有龚之棠等火器专家，一时间，军备日盛。②

《火器略说》对铁模铸炮法做了评论：铸造炮位中外皆以合土为模，西人近用沙模，取其易燥不黏，法无有善于此者。往见龚振

① 炮口至炮耳 78 厘米，炮口至火门 129 厘米，口内径 10 厘米，口外径 21 厘米，底径 36 厘米，耳长 15 厘米。

② 兴河．天朝师夷录——中国近代对世界军事技术的引进（1840—1860）．北京：解放军出版社，2014.

麟有铁模图说，谓费省工倍，无异土模，倾足成炮后，立可按瓣次序剥去铁模，如脱笋壳状，颇称便宜，但终恐其熔黏。此法既于道光时施用于浙，何以今日军中不闻仿制而行，岂其法或有未通耶。

《火器略说》实质上指出了铁模铸炮法仍有熔黏的缺点，以及西洋砂模铸炮易燥的优点。笔者调查发现山东、浙江、福建、广东等地有遗存的铁模炮，且尺寸比 1841 年造的要大，这说明铁模铸炮技术在浙江出现后，向南北方沿海省份扩散。目前国内保留的铁模炮实物较少，其材质的代表性有一定局限性。但结合文献记载，该炮浇铸后冷凝快，容易得到白口铸铁，此材质不易加工，粗清理的炮膛得不到精加工，砂眼、蜂窝等问题影响其寿命、射程和射击精度。抵抗外部环境侵蚀的能力低，自然锈蚀严重。

鸦片战争时，中国整体铸炮技术确已落后于西方，但此时国人使用铁模铸炮技术提高了仿制效率。其炮型的选择、材质的优劣与火炮的性能是本章研究的问题。侵华英军近距离作战用的卡隆舰炮包含有耳和无耳两种，活跃于 19 世纪西方海战，装药量不大，可发射葡萄弹、爆炸弹等。英国卡隆炮材质为可锻铸铁、灰口铸铁等，有利于钻膛、镟膛。查找中英史料、调研实物发现：铁模炮炮型参考了英军卡隆炮，炮架也吸取了其机动性强的优点；铸炮效率提高而非性能优越，因为从炮身材质来看，白口铸铁的脆性使其性能下降；清朝诸多的社会原因也阻碍了包括铁模炮在内的火炮威力的发挥。

第十章　清朝冲天炮

从火炮发射炮弹的方式来看，一种是直射式，一种是曲射式。清朝冲天炮就是典型的曲射式火炮，曾被称为“威远将军”“飞炮”“西瓜炮”“炸炮”“山炮”“田鸡炮”“臼炮”等。其使用时间很长，从 17 世纪发明起，至洋务运动引进西洋线膛后装炮止。以大的固定角度发射，以到达城墙后面的敌方目标。直射式与曲射式火炮的作战原理是什么？冲天炮是怎么发明的？炮身为何短粗？中国冲天炮与同期西洋臼炮相比，质量如何？清朝冲天炮在当时被夸厉害，为何起辅助作用？

第一节　冲天炮之前身——虎蹲炮

戚继光在东南沿海抗倭时，编练了以装备佛郎机炮和鸟枪为主的车营等兵种。车营装备的火炮已达 12 名士兵 1 门。当时火炮种类多、效力大，应用广泛，火器为中国之长技。戚家军中的骑营装备轻型迫击炮——虎蹲炮，发射前炮身用大铁环固定，立于地面，形似虎蹲，故名。因为东南沿海山高林密，水稻田多，佛郎机等炮型不便机动，而虎蹲炮炮管薄、机动灵活，可控扼险猛，进行曲射，适于山地作战，对密集进攻之敌杀伤力尤为显著，在抗倭作战中发挥了重要作用。

山海关长城博物馆藏明朝虎蹲炮，为生铁铸造，炮身铸有四道箍，无铭文。口内径 6～8 厘米，口外径 11.5～14 厘米，箍间距 6.5～

8 厘米，重约 15～18 千克。

明朝曾铣所造毒火飞炮（发射爆炸弹）与地雷，可称为尖端武器。爆炸弹并非曾铣首创，但他治下的生产规模应属空前。①明朝爆炸弹不晚于西方，但因安全性不能保证，以致失传。封建王朝对于火器技术倾向于控制而非创新，甚至主动停止发展。②

16 世纪，明朝军队缴获了葡萄牙舰船前装大炮，称为“发熕”，与后装佛郎机炮相区别。至嘉靖时，东南沿海出现了名为发熕的铜/铁前装炮，发射爆炸弹，可能源于欧洲的轻型野战炮。明朝水师将其用作艏炮长达半个世纪。与其原型相比，在形制和操作方面已有许多改变。由于明末欧式前装加农炮的再次传入，老式发熕遭到淘汰，新式发熕则具有典型的欧洲风格。入清后，发熕逐渐成为一类轻型火炮的专名。③

至鸦片战争时期，清军御敌的火炮中仍有虎蹲炮的称呼。譬如，安庆营守备孙贵制成 10 尊熟铁虎蹲炮。但熟铁炮体积小、重量轻，威力有限。两江总督牛鉴奏：安庆营守备孙贵仿明戚继光遗法，制成虎蹲炮位，系熟铁打成，长约二尺有余，重不过四十斤，可装铅子百粒。臣亲督验试，能致远三百步，其喷撒之宽约可四五丈。一人肩负而走，随地皆能施放，一杆可抵抬炮百杆之用。④

虎蹲炮和冲天炮应该有发明上的传承关系，但二者绝非等同。

至铁甲舰时代，即中国洋务运动时期，国人仿制西洋火炮品种过渡至线膛炮。冲天炮因威力有限，适合于风帆时代，最终退出历史舞台。保留的一些，形制也发生了很大变化。

---

① 郑诚. 中国火器史研究二题：《火龙经》与火药匠. 自然科学史研究，2016（4）：439-450.

② 钟少异. 古兵雕虫——钟少异自选集. 上海：中西书局，2015.

③ 郑诚. 发熕考——16 世纪传华的欧式前装火炮及其演变. 自然科学史研究，2013（4）：504-522.

④ 中国第一历史档案馆. 鸦片战争档案史料（I～VII）. 天津：天津古籍出版社，1992.

第二节 中西冲天炮

清朝火炮生产趋于制式化。在重型红夷炮之外，着重创制“冲击便利”的轻型火炮。清朝有口径大、炮身短的前装冲天炮（图10.1、图10.2），此类炮铜铁质地皆有，尽管并非主战火炮，但在不少战争中是得力武器。到18世纪末，阶级矛盾日益尖锐，人民起义风起云涌，轻型火器需求增强。①

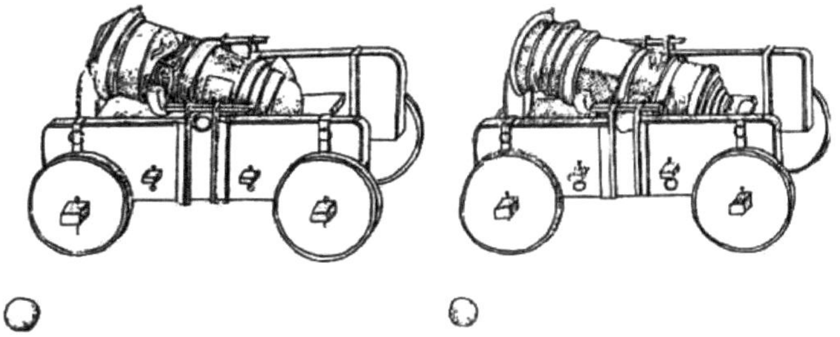

(a) (b)

图10.1 《皇朝礼器图式》“威远将军”铜炮及铁制冲天炮

图10.2 中国人民革命军事博物馆展览清朝“威远将军”铜炮

爆炸弹价格昂贵、不易制造，该时期的中西炮弹主要是实心弹。先头部队选择正确的位置非常关键，后方的火炮必须要保持一定的

① 张世明. 18世纪的中国与世界·军事卷. 沈阳：辽海出版社，1999.

角度，以便炮弹既能越过己方前进部队，又能够发射至敌军所在的位置。[①]不过，炮膛里没有膛线、火药粗糙，不能获得快速和准确的炮火。

清军在防御战中使用了发射爆炸弹的前装冲天炮。此炮弹药捻长度颇难掌握，须根据射程需要留得恰到好处，否则要么落地不炸，要么未到目标甚或在膛内即爆炸。故以口径大而炮管短的“冲天炮”之类短管炮发射。

笔者在国内调研（图 10.3～图 10.5），发现明清冲天炮 10 多门，总体特征：①炮管短，重量轻。②口内径相对较大。③炮膛形如仰钟。

(a)　　　　　　(b)

图 10.3　山东省济南市博物馆展览明崇祯铁炮，以及鸦片战争博物馆展览清朝爆炸弹（笔者摄）

从 14 世纪开始，欧洲用火炮发射内装火药的球形爆炸弹或燃烧弹，炮弹体积较大。自 17 世纪中叶起，臼炮成为攻城炮的重要组成部分。初时以发射大型燃烧弹为主，后改为发射爆炸式的装药铁弹。后来一些口径达 60 厘米的迫击炮，威力更是巨大。臼炮的射程能够通过调整射击的角度而增加或减少（图 10.6），可有效地

① 指文烽火工作室. 拿破仑战记：战例、军略、武备考略. 北京：中国长安出版社，2015.

轰击建筑物和密集的人群。①

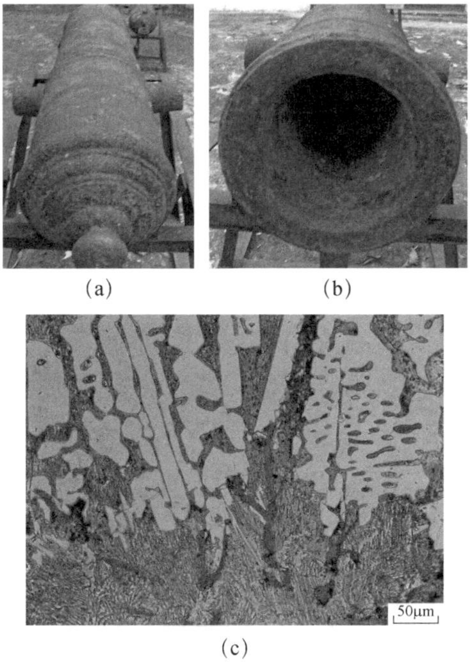

图 10.4　梧州市博物馆展览清朝冲天炮及炮耳金相图（笔者摄）

图 10.5　厦门胡里山炮台展览清朝冲天炮（笔者摄）

① 熊作明. 武器的历程. 北京：国防大学出版社，2000.

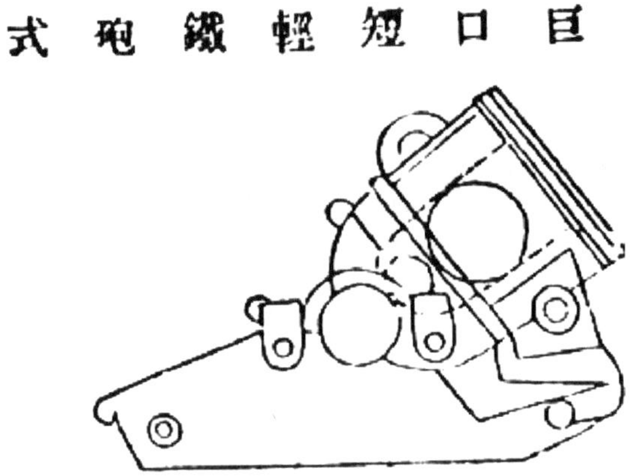

图 10.6　《火器略说》巨口短轻铁炮

榴弹炮和臼炮的发射角大，所需的炮弹初速不高。但舰炮需要平射来击穿敌船外壳，要有较高的初速和膛压。爆炸弹一般用于轰炸陆上目标，较少用于舰对舰作战。不可靠的引信、双点（燃）法，导致其对舰船的攻击力不稳定。①

《演炮图说辑要》论述西洋西瓜炮（图 10.7）及炮弹：形如西瓜，其体极圆，大小不一。大者径盈尺，小者径有五寸二分……系入在一种阔口短炮或如葫芦炮。在陆路，先以勾股举隅之法，用仪器测量，对阵远近。次将炮安在平地架上，用水银管视其已平，测之对正……弹凌空坠落，不甚致远，发火不过一响，炸裂实不堪利害，且不能准，此系在平地所施。如在船上左右，欹侧难施，仪器差之分秒则不能中。故夷船上实不重此，无足畏之物也。

英法联军侵华之役中，清人对侵略军臼炮及发射的爆炸弹描述道：其炮不一类，俗呼蛤蟆炮者……炸裂尤暴。②

① 欧阳泰. 1661，决战热兰遮：中国对西方的第一次胜利. 陈信宏译. 北京：九州出版社，2014.

② 中国史学会. 中国近代史资料丛刊 • 第二次鸦片战争. 上海：上海人民出版社，1978.

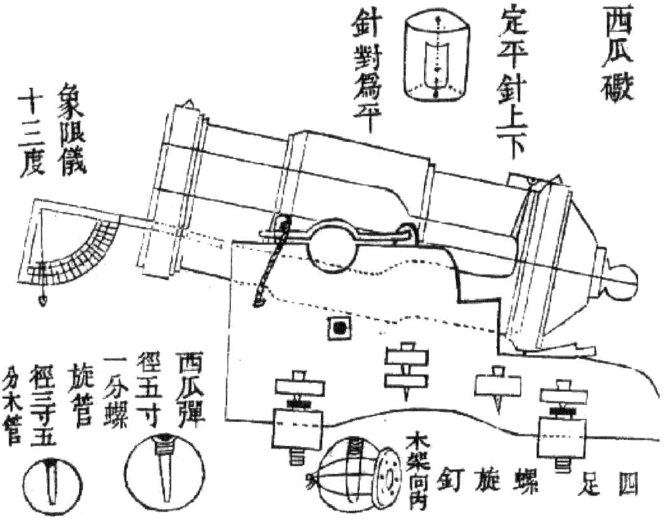

图 10.7　西瓜炮

第三节　爆　炸　弹

至 19 世纪中叶，爆炸弹外观一般为球形，内部装火药，靠插在开口处的引信点燃，在到达目标时爆炸（图 10.8、图 10.9）。

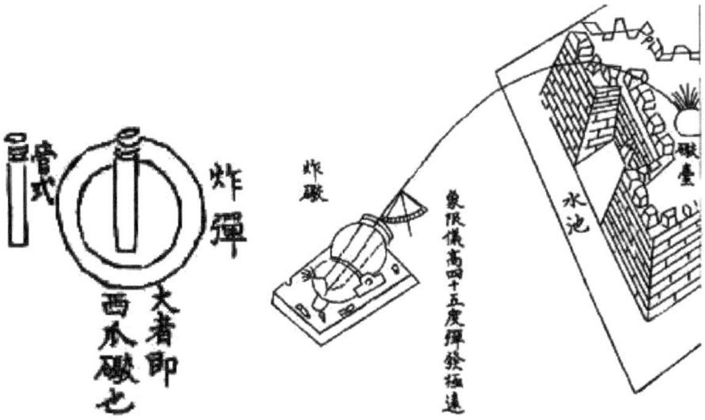

(a)　(b)

图 10.8　《演炮图说辑要》炸弹及炸炮

图 10.9　浙江镇海口海防历史纪念馆展览清朝爆炸弹

17 世纪中国有不少对火器专家，如江苏吴县的薄玉、浙江钱塘的戴梓等。戴梓的火器知识可能受张焘（著有《西洋火攻图说》）的影响。戴梓研制鸟枪、冲天炮。①《耕烟先生传》：南怀仁谓冲天炮出其国，造之一年不成，上命先生造，八日成，上大悦，率群臣亲试之，即封炮为威远将军，镌治法官名，以示不朽。

《钦定大清会典事例》：康熙二十六年（1687 年）铸炮五位。钦定名号为威远将军。各长二尺一寸，重二百八十五斤至三百三十斤，生铁弹重二三十斤，大如瓜，中虚仰穴，两耳铁环。其法先置火药于铁弹内，次用螺狮转木缠火药捻，裹以朝鲜贡纸，插入竹筒入于弹内，下留药捻一二寸以达火药，上留药捻六七寸于弹外，余空处亦塞满火药，以铁片盖穴口，外用蜡封固。于小膛底下火药，间以木马，加土寸许，乃安铁弹于大膛，又加潮土数寸以隔火。《皇朝礼器图式》载：冲天炮……形如仰钟。重自三百斤至三百八十斤，长一尺九寸五分。隆起五道，旁为双耳，近耳锲花纹……用法如御制威远将军炮，载以四轮车，亦如威远将军炮车之制。

爆炸弹发射时需先后点燃炮弹引信和火门处火药，程序复杂，若偶发不出，危险系数很高，故清军仅偶尔采用，用于实战的次数不多。②爆炸弹中的火药应不同于一般的发射药，可称为“炸药”。《钦定大清会典事例》：冲天炮……所需炸药一项，与寻常火药不同。

① 李斌，张江华. 戴梓仿造西洋火器. 自然科学史研究，1993（4）：368-372.

② 胡建中. 清代火炮（续）. 故宫博物院院刊，1986（4）：87-94.

《武备志·火药赋》：凡硝性主直，直击者硝九而硫一。硫性主横，爆击者硝七而硫三。

鸦片战争中，英军在一些战役中使用了几种空心爆炸弹，杀伤力很大，当时仍沿用球形实心弹的清军，认为飞炮炸弹之法，内地罕见，多骇为神奇，不知如何制造（《海国图志》）。林则徐也曾搜集过爆炸弹样式，但未及仿制。随后广东、山东、直隶等地官府命匠人制造了这种炮弹。不过，在19世纪中叶的对外战争中，清军火炮多以球形实心弹为主，故魏源说，英人在火器方面的长技是"飞炮"：我之炮台虽坚，而彼以飞炮注攻，炸裂四出，迸射数丈，我将士往往扰乱。黄冕对清军炮弹评价道：内地大炮，则惟有实心铁弹，故止能透一线，洞一孔，而无益于行阵变化之用，有正无奇，非善策也。（《海国图志》）

清军的爆炸弹中，还有手掷榴弹、地雷。清末地雷大体经历了四个阶段：形式确立期（鸦片战争）、传统鼎盛期（英法联军侵华之役与太平天国运动）、传统没落期（中法战争与中日甲午战争）、西化完成期（甲午战争之后）。[①]中英吴淞之战中，清军向英军投掷了成排的手掷榴弹，这些手掷榴弹从英军队伍的头顶上飞过去。[②]黄冕说：爰成御夷数策，一炸弹，二轻炮，以利其器；三地雷，四暗沟，以重其险……至地雷之法，不过就炸弹而扩充之，无论西北东南皆可，为陆战陆守之奇器，用力少而成功多。省兵省饷，妙难殚述。（《海国图志》）

到了太平天国运动时期，清军和太平军都试图仿制更先进的爆炸弹，双方都经历了购买武器—研究仿制—雇佣洋员—设厂等几个阶段，但都进展不大。如《道咸宦海见闻录》：奈炸无定准，或未

---

① 于道文. 晚清军事史上的"地雷". 齐齐哈尔师范高等专科学校学报，2016（3）：92-95.

② Bernard W D. Narrative of the Voyages and Services of the Nemesis from 1840 to 1843. London: Henry Colburn，1844.

至贼巢而坠，或已至贼巢而不炸，每每虚糜火药。

清军在英法联军侵华之役中也使用了爆炸弹对敌。[①]除冲天炮外，有的红夷炮也可发射爆炸弹。伦敦的皇家炮兵博物馆展览一门清军铁芯铜体火炮，造于1848年前后，铭文：吃炸子一粒，重二十六斤，吃药六斤。吃火攻炮子一粒，重十八斤，吃药四斤。这里“炸子”应是爆炸弹，内置有杀伤力的碎铁等；而“火攻炮子”或为燃烧弹。

第四节　冲天炮等火器的作用

清朝包括冲天炮在内的火器虽具有冷兵器无法比拟的优越性，但由于早期前装滑膛炮技术发展缓慢，16～19世纪东西方面临冷热兵器过渡问题。譬如，明清火器关键技术不成熟，主事者决心不够坚定，军队冷热兵器并用。[②]

17世纪开始，以重型加农炮为代表的西式火器改变了传统的作战方式和具体战术，火器的数量、先进程度及配套设施越来越成为决定战争胜负的重要因素。譬如，在明清战争中，西式重型火炮在攻城作战中发挥了威力，红夷炮技术成熟之后，在城池的攻防战中扮演举足轻重的角色。火器不仅成为军队的主要武器装备，而且还产生了专门的战斗编制，炮兵发展成独立兵种，成为战争中的火力骨干，步骑兵在炮火的配合下进行战斗，改变了以骑射为主的传统作战方式。[③]

至19世纪70年代，东西方炮架为架退式的刚性炮架，火炮重

---

① 布隆戴尔. 1860年征战中国记. 赵珊珊译. 上海：中西书局，2011.

② 李建明. 戚继光“有限发展”火器技术问题初探. 自然辩证法研究，2009（7）：119-122.

③ 李斌. 西式武器对清初作战方法的影响. 自然辩证法通讯，2002（4）：45-53.

新瞄准延误时间，射速受到影响，长于攻城，拙于野战，且炮体笨重，无法迅速转移阵地，故在野战时，火炮数不足以构成有效的火网。当情势发生变化时，往往无法机动反应。因此，此时的兵士仍需冷兵器贴身肉搏。这也解释了至19世纪70年代的战争舞台上，冷兵器依然保留，以及包括清朝冲天炮在内的火器不能完全主宰战争。清朝冲天炮虽作为木质风帆时代的制胜武器之一，在清朝没有得到大的发展，在御侮战争中使用也非常有限。

清朝康熙设立火器营，督以专官，演练齐射战术，遂成17世纪末东亚强大的火器军队，其营制为以后提供了蓝本。[①]平定噶尔丹叛乱时，戴梓所创的冲天炮发挥了重要作用：冲天炮，子在母腹，母送子出，从天而下，片片破裂，锐不可当。随后的雍正、乾隆则倚仗红夷炮和冲天炮底定中国疆域，火器营地位臻于顶峰。[②]

洋务运动时逐步改用西式兵器，来源主要是购买和仿制。常胜军所用近代西方陆军的训练和战术成为清军西法练兵的样本，还催生了中国的炮兵制度，炮兵从步兵中分离出来，成为独立兵种，这是兵种协同战术的前提条件。[③]

治国之道，在乎自强，而审时度势，则自强以练兵为要，练兵又以制器为先。[④]多地兵工厂局兴造洋枪洋炮（图10.10～图10.12）。苏州洋炮局造来复枪的最初努力没有成功，但此后使用一部分自制机器，能生产合用的毛瑟枪和小型开花炮。[⑤]

---

① 张建. 火器与清朝内陆亚洲边疆之形成. 天津：南开大学，2012；张建，刘小萌. 清入关前“火器营”献疑. 天津师范大学学报（社会科学版），2018（3）：22-27；王兆春. 中国火器史. 北京：军事科学出版社，1991.

② 于逢春. 中国疆域底定视域下的西洋火器之海上传入及使用. 江西社会科学，2013（11）：111-117.

③ 屈新儒. “常胜军”研究. 军事历史研究，1994（3）：83-99.

④ 中国史学会. 中国近代史资料丛刊·洋务运动. 上海：上海人民出版社，1961.

⑤ 费正清，刘广京. 剑桥中国晚清史（1800—1911年）. 中国社会科学院历史研究所编译室译. 2版. 北京：中国社会科学出版社，2018.

图 10.10　厦门胡里山炮台展览清同治福建造火炮（笔者摄）

(a)

(b)

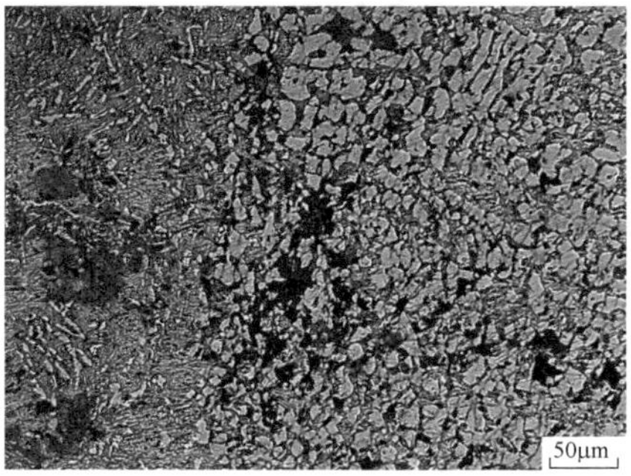

(c)

图 10.11　厦门市博物馆展览清同治福建造铁炮及炮尾金相图（笔者摄）[①]

① 炮口至炮耳 90 厘米，炮口至火门 140 厘米，口内径 10 厘米，口外径 17 厘米，底径 36. 5 厘米，耳长 10 厘米。

图 10.12　中国人民革命军事博物馆展览宁局制前装线膛铜炮

左宗棠收复新疆时，中国外购或自制的枪炮（包括臼炮型的冲天炮）发挥了重要作用：以开花大炮连续轰城，并以开花小炮、劈山炮对准缺口轰击不息。当是时，乌鲁木齐守敌以数千骑倾巢来援，刘锦棠派马队从正面迎击，金顺部马队则绕至来敌背后，两面夹击，奋力冲杀，敌骑四散溃逃，不复成军。①

左宗棠在新疆的胜利因素包括对西式武器的使用。部队装备有来复枪、克虏伯炮等。左宗棠在兰州的兵工厂除了制造枪弹和炮弹外，还造出了后装步枪。左宗棠给他的同僚写信说道：安夷火器颇精。洋枪洋炮外亦有开花炮，但不如官军之精利，又不善放，一败即不回头耳。②

明末清初以来，从西洋传入中国的红夷主炮是中国军事物质史研究的重要内容，而对辅助型冲天炮的研究不够。冲天炮是西洋“船坚炮利”的突出体现。清朝冲天炮源于明朝的虎蹲炮及西洋臼炮技术，主要适合近距离、逾越障碍的炮击，与当时主战型直射式红夷巨炮相比，重量较轻，由铜或铁铸造，发射双点法爆炸弹。欧洲臼炮是火炮朝着改善机动性的方向、适应陆上野战需要的产物。包括

---

① 潘向明. 清史编年：光绪朝（上）. 北京：中国人民大学出版社，2000.

② 费正清，刘广京. 剑桥中国晚清史（1800—1911 年）. 中国社会科学院历史研究所编译室译. 2 版. 北京：中国社会科学出版社，2018.

冲天炮在内的多种火炮可发射爆炸弹，冲天炮发射的爆炸弹较大。爆炸弹也可以换为燃烧弹。至铁甲舰时代、中国洋务运动时期，臼炮型火炮因威力有限而落后于时代，逐渐被各种线膛后装巨炮和轻型钢炮代替。

第十一章　清军火箭技术

第一节　传统火箭概述

这里谈谈火炮与火箭的区别：它们都是把装有炸药的弹丸发送到目标处，继而对目标进行毁伤，但发射原理是不同的。火炮是靠在膛内的发射药燃烧产生的高温高压气体，使弹丸经炮管加速飞离炮口，按炮管赋予的方向和射角飞行。火箭前进的动力与火箭筒（管）并无直接关系，而是靠火箭本身的推进剂作为能源。一般中、大口径火炮是单管的，炮弹是一发一发地装填和发射。而火箭可以多管同时装填和齐射。火箭通常比火炮重量轻、机动性好。火炮发射炮弹的初始速度快、定向性好、受外界干扰小，适合对付点目标，而火箭飞行中受干扰大，可以靠齐射形成的火网对付面目标。

与火炮相比，火箭的缺点：射击精度差，易出现误射误炸等事故，杀伤力有限。但其优点也是毋庸置疑的：射程远、机动性强、后坐力小、射速快、制造和维修容易、成本低等。火炮有炮架、弹药箱，重量大。小型火箭则没有这些，骑兵能通过的地方，小火箭也可以通过，携带方便。火箭的使用范围很广，与火炮相比，在制造方面节省了材料、时间。①

鸦片战争前后的中西火箭以固体粉末火药为推进剂。《火器略说》中载：火炮、火箭之用药迥然不同，炮中但须整粒，火箭反取

① 古列索夫. 火箭炮的历史及前途. 沈阳：东北书店，1949.

粉末。炮欲其速燃，火箭欲其迟着。若火箭用整粒之药，则即时在手迸裂，不能发出及远，若用粉末舂实，则药线虽燃，内药未着，必待三四秒许始行轰射，则已至敌境久矣。

世界上较早的火箭——霹雳炮，出现于宋金采石之战，由纸筒制成，分放火药及石灰。南宋火箭后落入金军手中，改进后名为飞火枪，用以对付蒙古军队。蒙古军队后来又得到火箭及工匠，编入军中，并用于欧亚战场，使火箭技术西传。①

从南宋到明末，中国火箭技术处于领先地位。在明朝，火箭（图11.1）已成为“军中利器”，茅元仪在《武备志》中记载了种类繁多的火箭，如单级火箭、原始的多级火箭、集束火箭、火箭弹等。集束火箭的尖啸声及令人窒息的烟尘，可以形成震慑。火箭从单火药筒发展为多火药筒并联、多级；箭头从一般箭头发展成火药室；发射装置从叉形架发展为火箭筒、火箭柜等，可以定向发射。构造较复杂的多发齐射火箭柜是以板子做成中空的箱子，当中放置可以收纳火箭的筒。其引线汇集到箱外的火门处，发射时点燃火门的引线即可。《火攻挈要》对中国传统火箭的结构有说明：药箭须要麻秸灰，他灰不能透上。钻孔之法，以药分为十分，约钻至七分为止，多则通顶出火不便。其孔要直，不直则歪，以铁杆打成自然者更妙，且要宽大，可容三根药线，出则透而有力，若孔细则线少火微，出则低，近而无力矣。箭镞长五寸，要宽大，倒须杆要坚直，长三尺或四尺，重三两或四两，用药二两五钱……其放法，必加溜筒，方可命中，筒外以矾纸、托油纸两层包裹，庶过夏不致走硝，可以久留。又有以此法造成数倍，然重大者，即名飞枪、飞刀、飞剑是矣。

① 潘吉星. 论火箭的起源. 自然科学史研究，1985（1）：64-79.

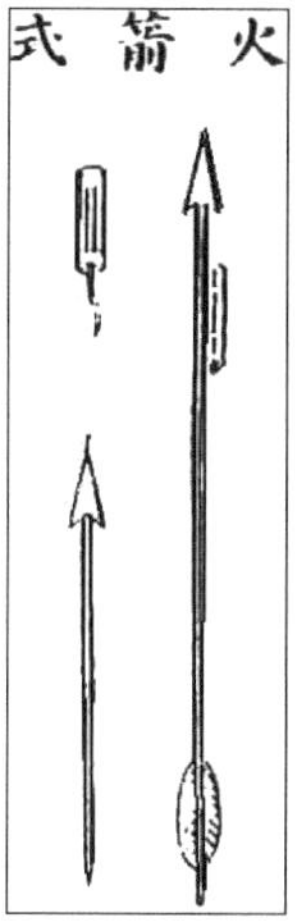

图 11.1　《兵录》火箭式

不过，从明末至洋务运动，中国火箭的设计原理、射程、射速和射击精度没有质的提高。19 世纪中叶的清军火箭技术应是明清长期沿用的纸制基体技术的继续，利用弓弩或火药发射，没有完善的基体，基体中填置的药量不多，以致射程不远、威力不大，主要起焚烧和恐吓作用，应属传统箭式范畴。此时期的侵华英军所用的康格里夫火箭可放进短粗铁管里发射，有日益完善的基体、支撑装置，应属箭式或炮式范畴。二者实质性的技术差距：一是火箭基体的材质不同，二是发射的容器不同，三是性能有明显差距。侵略军金属基体的火箭可理解为炮式火箭，可以较准确地攻击目标。

清朝后期除火器营外，也设立了火箭营。在 19 世纪中叶，清朝沿海及内陆的一些省份火箭、火炮等火器制造处于各自为政的局面。清军冷热兵器混用，陆海迎敌战术以重炮为主，但轻型火器如火箭等的使用也很多，其辅助作用不可忽视。

至英法联军侵华之役，清军继续使用传统火箭御敌。如英人描述道：我们的火箭炮非常有效，河对岸的清军也用火箭向我们开火，射程长，方向准，但是都没有击中我们，在交战中一些坐骑中弹倒毙。①

第二节　清朝火箭的技术和性能

19 世纪中叶，清军使用了沿袭明朝的飞枪箭、飞刀箭、飞剑箭等单飞火箭，火龙箭、九龙箭或一窝蜂等集束火箭对抗西洋侵略军，主要起燃烧和心理上的恐吓作用，使敌方士气低落。由于其飞行路线常不规则，要躲避它也不太容易，故有时攻击效果也是不错的。从发射方式上可分为两大类：一类是用弓弩，另一类是用简易的发射架和火箭筒。由于纸制基体装药量小，射程不远，杀伤力有限。

一、清军火箭的技术水平

清军火箭的技术水平，可从其制造和火药技术中看出。像明朝一样，清朝的火龙箭、九龙箭或一窝蜂，属于集束火箭。《洴澼百金方》中有火箭制作的详细说明：用竹篾编筒长四尺，口大尾小，纸糊油刷，以防风雨，内编横顺阁箭，竹口三节……旁留小眼穿药线，总联内起火箭上。每筒装十七八支或二十支。点燃火药线后，筒内火箭齐发。一般用小火箭作集束火箭。这种火箭与《武备志》所载几乎没有大的不同。②

关于火药中的线眼，《纪效新书》：或造成用钻钻线眼，或用铁杆打成自然线眼。但钻者不如打成者妙，钻易而打成费手，故匠人多不肯用打成之法。其肯綮全系于线眼，眼正则出之直，不正则出必斜，眼太深则后门泄火，眼太浅则出而无力，定要落地。每个以

① 格兰特，诺利斯. 格兰特私人日记选. 陈洁华译. 上海：中西书局，2011.

② 潘吉星. 中国火箭技术史稿：古代火箭技术的起源和发展. 北京：科学出版社，1987.

五寸长言之，眼须四寸深。杆要直，而去颈二寸，称平。瓴要劲羽，长而高。褙筒用矾纸，间以油纸，则不走硝，可留二年。此物最不耐久收也。

《武备志》《兵录》中附有打制火箭线眼的图。火箭基体的制造大致经历以下工序：制造粉末状发射药→卷制纸质基体→底部留喷火口→装药并打成自然线眼→插入引信→增加防潮层。明末前后是中国传统火箭（图 11.2）发展的高峰，此后到 19 世纪中叶并无实质性的飞跃。

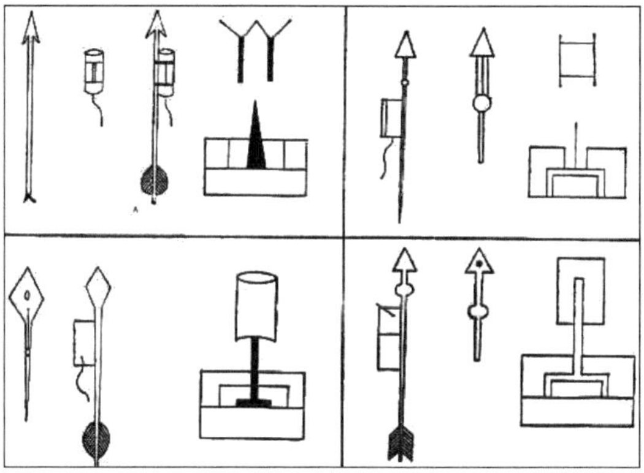

图 11.2　《武备志》火箭制作图①

二、火药配方变化

道光年间广东水师提督关天培为广东水师所用火药拟定了两个基本配方：其一是枪炮发射药配方，硝∶硫∶炭=8∶1∶1；其二是大小火箭的火药配方，硝∶硫∶炭=16∶1∶1.5。（《筹海初集》）配方中硝量偏高，应是考虑到射远的缘故，但弊端是容易吸湿转潮。《演炮图说后编》火箭药方：净硝八两六钱，净磺四钱，杉炭三两一钱，如制火药法。这里的含炭量比一般黑火药高些，而且是粉

① 潘吉星. 中国火药史：插图珍藏版. 上海：上海远东出版社，2016.

状，求其缓燃。提高炭含量降低硫含量，意味着配制火药技术的进步和推进威力的增大。13～20 世纪中西箭用火药的配方变化有相似规律。①

清朝沿海的一些省份仿制了英军的火药制法，并有所创新，其中陈阶平配置的火药较好，并用于实战。但是，手工方式制作的火药质量多逊于英军。清军火箭用纸制基体组装，闭气功能差，导致其射程短于英军火箭，杀伤力有限，中西对此多有评论。清军火药质量粗劣，使其原本较落后的枪炮火箭，在实战中效能更减，如梁廷枏说：沙角台隔水相对为穿鼻湾，夷众闯入……我兵无药，炮不复发，发者又以掺杂炭屑，力弱无济。贼弹箭迸落如雨，身无完肤。(《夷氛闻记》)

三、火箭性能

火箭性能主要表现在射程和精度上。作为一种中程武器，火箭填补了燧发枪与野战炮射程之间的空白。鸦片战争前后，清军抬枪虽然射程远于英军的燧发枪，但装备数量极少。另外，鸟枪、抬枪的制造工艺不敌英军，枪身太长，弹药装填及射击均不便，火绳点火装置落后，射速慢。这些因素使得清军步兵轻武器的威力比英军小得多。表面上看，清军重型抬枪比英军火枪射程似乎要远一些，但它的机动性差、火绳点火等因素决定了其射速太慢，无法与英军火枪相提并论。总体来看，在 19 世纪中叶，中西火枪射程约在 500～1100 米。鉴于当时枪炮射程情况，此时期火箭威力的施展在 500～1500 米，显示出射速快、机动性强、心理震慑等优点。②

鸦片战争时期是中国传统火箭发展的最后一个时期，基本上承

① 潘吉星. 中国火箭技术史稿：古代火箭技术的起源和发展. 北京：科学出版社，1987.

② 杜派，等. 哈珀-柯林斯世界军事历史全书. 传海，等译. 北京：中国友谊出版公司，1998.

袭了明朝以来的技术，种类向少而精的方向发展，射程较以往有所提高。据《洴澼百金方》《祝融佐治真诠》，清朝火箭大致有两种类型：一种较短而轻，射程约为 1000 米；另一种较长而重，射程约为500米。[①]再如英参战人员对1841年清军在宁波使用的火箭写道：清军火箭好于平时，射程接近 500 米，是集束火箭，能一起发射约 15 支。[②]不过，清军火箭的纸制基体导致能量积聚不够、手工加工的火药效力较差，以及木制火箭筒导致轨道偏差，三方面因素都决定了其射程近和射击精度差。

总体来看，清军火箭与近代化阶段的英军火箭性能差距大。[③]

科学史家李约瑟曾说：在鸦片战争中，交战双方都使用了火箭。定海炮台失守时，侵华英军发现了清军火箭仓库。第二年，英军康格里夫火箭又用上了，将虎门"安森湾"里最大的战船烧掉。在英法联军侵华之役中，侵略军因认为中国火箭不会造成多大伤害，故火箭射来时并未回避，但还是有艘船被击中，并被烧了个大洞。[④]

中国旧式火箭一直用到1860年后，与康格里夫火箭的远射程、大威力状况相比，既原始，威力又小，对清军使用的集束火箭，英人认为其虽好看但仅起干扰（而不是破坏）作用。英人曾把俘获的清军火箭运往一些博物馆展览，据说在 180 米的距离内，只能杀死 1 人。英军攻击浙江招宝山时，根据魏源所记，清军十分讨厌火枪和火箭，因为害怕会燃及自身。西人记述道：清国羽毛火箭长 1.8 米，箭头为铁或铜的，系在一根导向杆上，由于运动不规则，可能

---

① 潘吉星. 中国火箭技术史稿：古代火箭技术的起源和发展. 北京：科学出版社，1987.

② Murray A. Doings in China：Being the Personal Narrative of an Officer Engaged in the Late Chinese Expedition. London：Bentley，1843.

③ 黑尼斯三世，萨奈罗. 鸦片战争：一个帝国的沉迷和另一个帝国的堕落. 周辉荣译. 北京：生活·读书·新知三联书店，2005.

④ 李约瑟. 李约瑟中国科学技术史·第五卷·化学及相关技术. 第 7 分册. 军事技术：火药的史诗. 刘晓燕，等译. 北京：科学出版社，2005.

会导致一些轻伤。[①]英法联军侵华之役中的一位法国人记述道：在亚洲，人们对火箭的认识要早于大炮，他们曾向我们发射了大量的火箭，可惜命中率很低。[②]

清军火箭一般跟其他火器配合使用，以期达到最佳效果。在第二次大沽口之战时，联军第一只船刚靠岸，突然炮弹、霰弹、枪弹和火箭从南岸炮台里打来，如雨而下，一下子就把刚登陆的人打倒了十几个。[③]

第三节　西洋火箭技术在中国的传播及被枪炮技术取代

中国传统火箭在直杆式系统方面也有些创新，不过，因其发展缓慢和在战场上非主力，故史书记载甚少。如明朝火器家赵士桢发明了世界上较早的直杆火箭，比西方早两个多世纪。从他的《神器谱》一书可知，他出于消灭倭患的动机，曾发明过一种叫作“火箭溜”的发射装置（图 11.3）：用此器则火箭永无斜冲逆走之患。《天工开物》有关于火箭点火的记载：先用捶熟芋麻点火于铁机之上，然后再以手指扣动扳机。还装有简单瞄准仪器。此火箭技术显然已摆脱了《武备志》所记载的“飞空砂筒”式侧杆火箭系统发射装置的窠臼，意味着一种沿中轴装设导杆的火箭发射装置问世。清朝火器家王文澜创制了多形制、多性能的直杆火箭，与西方同类火箭相比处于先进水平，曾用于反侵略的战争中。1841 年英军进攻广州，清军曾装备燃烧型的直杆火箭：英军船只开到清军炮台前面时，清军派出五只大型火筏来反击，英军派小船去拉开火筏，火箭如雨一

① Winter F H. The First Golden Age of Rocketry：Congreve and Hale Rockets of the Nineteenth Century. Washington：Smithsonian Institution Press，1990.

② 洛图尔. 中国和中国人. 应远马译. 上海：中西书局，2013.

③ 中国史学会. 中国近代史资料丛刊 • 第二次鸦片战争. 上海：上海人民出版社，1978.

般地向小船射来，外观华丽，但伤害不大。[①]

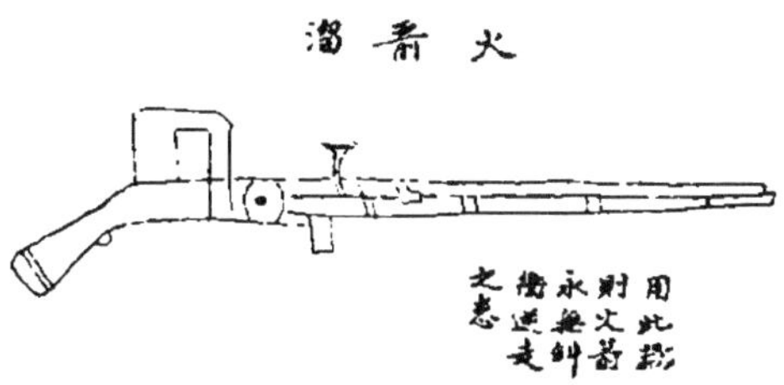

图 11.3　赵士桢发明的火箭溜[②]

面对侵华英军康格里夫火箭的肆虐，龚振麟《铸炮铁模图说》记载了改进的机械装置（图 11.4）取代手工方式从而提高火箭生产的数量和质量：火箭之利远，首重敲工，旧法一箭用一匠持锤敲之，日得五六枝或三四枝，枝各万锤，虽强者敲至两三枝后而力已渐疲，更有偷减苟完，则箭药不能一律坚实……因试造摇车，列十锤为一架，二人摇之，二人添药，轮流替换，合四人之力，日得箭三十枝，积至千万枝，皆得一律坚实……火箭敲成后，旧法以手扶钻，钻中心线眼，扶持稍偏则眼斜，引线亦斜，放去不能一直，即工匠专心，而手力不能齐也。今亦用架，扣定箭筒，镶稳箭头，两相参直，以二人更换摇之，一摇可钻二箭，无偏倚之弊。

此摇车制火箭技术在清朝仅是个案，当时社会使用的多是笨拙的手工工艺，火箭生产的数量和质量难以提高。

丁拱辰和丁守存等根据康格里夫火箭的样式，在广西桂林研制出有五个喷管、铁制火药筒的大火箭（图 11.5），这标志着中国近代火箭生产的开始。但是由于当时的手工生产方式及军事制度的腐败，清廷没有建立和推广此种火箭技术，在对抗英法联军入侵时用

① Bingham J E. Narrative of the Expedition to China，from the Commencement of the War to Its Termination in 1842. London：Henry Colburn，1843.

② 李崇州. 中国直杆火箭系统研究. 自然科学史研究，1994（2）：164-172.

的仍然是传统火箭。①

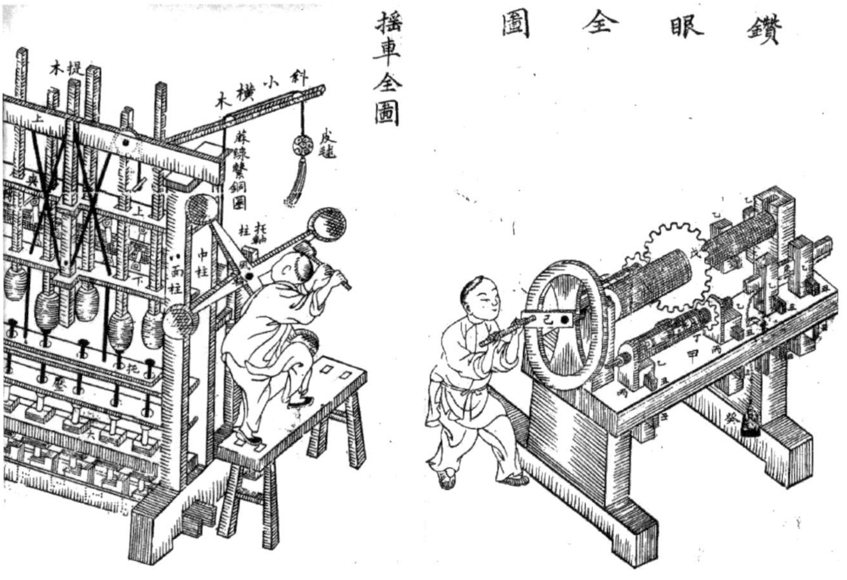

(a)　　(b)

图 11.4　《铸炮铁模图说》摇车、钻眼装置

洋务运动时期，清朝又花费巨资从国外引进生产近代火箭的机器装置，但由于管理体制的弊端，不能建立起长期的、独立自主的近代火箭生产体系，因而始终无法与西方列强同步。至于康格里夫火箭，推动其向前发展的是英国人威廉·黑尔。黑尔创制火箭自旋稳定技术，改进了射击精度。黑尔火箭使用液压系统装填火药，克服了康格里夫火箭装填火药的缺陷；射程约 1000 米。

宁局建火箭厂，聘西人为技术顾问，生产黑尔火箭。《兵船炮法》中有对黑尔火箭技术的介绍：海勒氏（黑尔）造旋风火箭，使药气不全从尾孔泄出，而并从近邻处五孔泄出，一面向前，一面旋

① 李崇州. 中国直杆火箭系统研究. 自然科学史研究，1994(2)：164-172；Winter F H. The First Golden Age of Rocketry：Congreve and Hale Rockets of the Nineteenth Century. Washington：Smithsonian Institution Press，1990.

转。发时有两法：一法以两板做斜槽承之，令引正方向；一法架上做圈，将火箭套入圈内，后有挺簧，压住其杆尾。初燃时，不能胜挺簧之力，继而胜之，乃飞出而成大速率，可免箭头向下改变方向之弊。

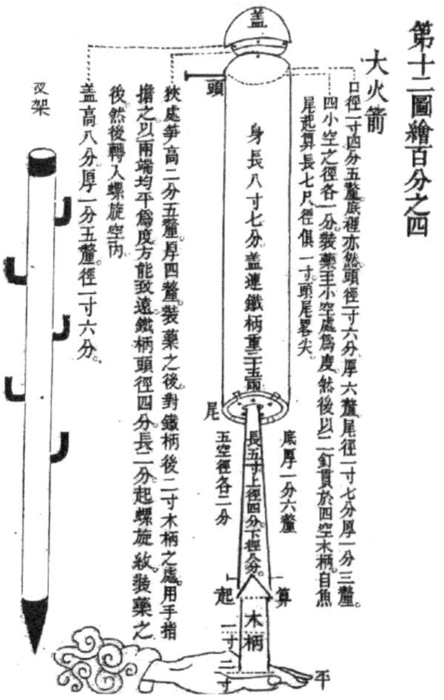

图 11.5　《演炮图说后编》大火箭

枪炮技术的改进再次超越黑尔火箭，火箭甚至有用线膛火炮发射的。尤其到了 19 世纪下半叶，在以线膛击发枪、后装线膛炮、无烟火药、铁甲舰和酸性底吹转炉炼钢法为代表的技术突飞猛进的背景下，康格里夫火箭、黑尔火箭逐渐被性能日益提高的常规枪炮武器取代。线膛炮的使用对于海战的影响，比装甲舰的影响要大。

到了 1850 年，欧洲很多国家的火箭部队解散了，尽管火箭在亚非拉等地一直使用至 19 世纪末。20 世纪初，英军不再使用黑尔火箭。[①]与 1900 年以后的现代火箭相比，康格里夫火箭和黑尔火箭

① 安吉洛. 火箭. 郎淑华译. 上海：上海科学技术文献出版社，2011.

的技术简陋，应用也不广泛，如生产程序难以统一，还主要依赖手工工艺，虽然初步的生产机器已具备（诸如用磨粒机制备火药等），但存储困难，容易吸潮。尽管如此，它们的出现仍为现代火箭的诞生奠定了基础。

清廷从香港直接采购康格里夫火箭，后来沪局建火箭分厂，进口机器，进行生产。同治年间，宁局制造黑尔火箭。1900 年，西人发现清人还在使用康格里夫火箭：箭头重 2.5～5 千克，导向杆长 2 米，射速很慢。[①]

鸦片战争前后中西两军对抗时，在平地多用火炮，在其他地形间用火箭。中西火箭在战场上攻击骑兵和易燃物质效果显著，主要起恐吓和焚烧作用。从总体上看，其仅是对枪炮威力的补充，填补了射程空白。处于封建社会末期的清军使用了明清以来长期沿用的纸质基体集束火箭，用手工方式制成，靠弓弩或简单的工具发射出去。其技术和性能与康格里夫火箭相比存在代差，几无可比性。龚振麟改进的摇车装置取代了手工方式，从而提高了火箭生产的数量和质量。至洋务运动时期，中国开始引进康格里夫火箭和黑尔火箭技术，但在欧洲已经过时。

中国是火箭的发明国，明末前后是传统火箭发展的高峰期，并在侧杆式的基础上，有直杆式系统的些微创新，但是，直杆式火箭发展缓慢，在战场上出现较少。从明末到洋务运动，中国占压倒优势的是侧杆式火箭，直到 19 世纪中叶并无实质性变化，在战争中的作用不大。

---

① Winter F H. The First Golden Age of Rocketry：Congreve and Hale Rockets of the Nineteenth Century. Washington：Smithsonian Institution Press，1990.

第十二章　清朝引进洋炮的热潮

第一节　晚清对西洋兵器引入的短视

乾隆五十八年（1793 年），英国马戛尔尼使团来华。使团中有 10 多人记录或出版了相关的日志、传记或报告。部分图文呈现出清朝社会落后与政治腐败的图景，或也鼓动了西方列强侵华。而清人对此的记忆，却被深锁在普通大众无缘接触的官方档案里。①

此时的英国在国际竞技场上已没有真正对手，它期望通过外交途径以扫除中英贸易往来的种种障碍。该使团给乾隆带来了数百件礼物，其中船炮武器暗示了英国在核心军事技术方面的绝对优势。②英国几门野战炮在圆明园里进行了试射，随后，清人蔑称这些礼物不及清朝产品。③当英法联军火烧圆明园时，侵略军在圆明园里发现了 2 门装备齐全的榴弹炮，正是当年马戛尔尼送给清朝的礼物。④后来侵略军将之运回伦敦展览。

为保证武力优势，至鸦片战争前夕，晚清对周边国家实施火器封锁。清廷与商民对军火都有一定的进口，然而出口被禁止。由于短视和盲目自信，清廷排斥西方的先进火器及技术，广东官府在战事紧张时有少量进口，商民在澳门和东南亚曾购入西方军火（图

① 黄一农. 印象与真相：清朝中英两国的觐礼之争. “中研院”历史语言研究所集刊，2007，78：35-90.

② Winfield R. British Warships in the Age of Sail 1817-1863. Barnsley：Seaforth Publishing，2014.

③ 黑尼斯三世，萨奈罗. 鸦片战争：一个帝国的沉迷和另一个帝国的堕落. 周辉荣译. 北京：生活·读书·新知三联书店，2005.

④ 斯温霍. 1860 年华北战役纪要. 邹文华译. 上海：中西书局，2011.

12.1）。[①]虎门战事结束后，英人在此看见一艘广东战船，它有 36 门洋炮，其中 9～12 门钢炮是由英国利物浦属地的炮厂制造。另一艘载 34 门炮的大船是战前从国外买的，叫“剑桥”号。[②]西人观察发现：威远炮台配置了 107 门各种口径的炮，其中有 1 门 68 磅弹炮，1 门 42 磅弹炮，还有许多可放 32、24、18 磅弹。其中有 4 门是葡萄牙人制造的黄铜炮，2 门有 11 英尺（1 英尺=0.3048 米，1 英寸=0.0254 米）长；3 门铁炮是英国造的；其他主要是清朝造的。[③]

图 12.1　鸦片战争博物馆展览英国造卡隆炮[④]

这些武器在鸦片战争中多遭英军破坏（图 12.2）。

图 12.2　广东革命历史博物馆展览广州城防炮（笔者摄）[⑤]

从 19 世纪 50 年代起，面对西洋侵略军进逼的态势和“器不如

① 刘延华. 清代前期中国对外火器贸易简述. 中国社会经济史研究，2013（2）：28-33.

② Bernard W D. Narrative of the Voyages and Services of the Nemesis from 1840 to 1843. London：Henry Colburn，1844.

③ Bernard W D. Narrative of the Voyages and Services of the Nemesis from 1840 to 1843. London：Henry Colburn，1844.

④ 口内径 10 厘米，口外径 13 厘米。

⑤ 该炮是林则徐筹办海防时购买的。炮口至炮耳 155 厘米，炮口至火门 265 厘米，口内径 13 厘米，口外径 32 厘米，底径 47 厘米。炮耳残。

人”的现实，清朝广东、福建、浙江、江苏等地的一些军政大吏、火器家、商船主、海盗集团等购买和仿制了一些西洋前装滑膛炮，安装在重要炮台和船上，但规模有限，仅是独立的事件。

咸丰曾命造战船百余艘，并命叶名琛等购夷炮千余尊，解赴武昌，配搭船只。①西人也说：不要谈论中国人在枪炮物资上的匮乏了吧。其实，如果他们愿意花钱，他们就可以轻易弄到和从前同样多数量的火炮，甚至有膛线的大炮。在新加坡，在英国当局的眼皮底下，就有一条街专门出售欧洲军队脱手不用的大炮、武器，而且是先到先得。大沽炮台的守军就是在那里买到了英国、荷兰和西班牙在 17、18 世纪使用的大炮，用来加强防御。②

此后凡说到洋枪洋炮，多指新式的线膛枪炮。不过，此时期，清人仍将西洋前装滑膛炮和后装线膛炮统称为洋炮（图 12.3）。

(a)

(b)

图 12.3 厦门市博物馆展览两门英国商炮（笔者摄）

咸丰年间，湘军水师成立，其战船上装配有重量不一的西洋火

① 尹福庭. 清史编年：咸丰朝. 北京：中国人民大学出版社，2000.

② 克鲁勒. 进军北京. 陈丽娟，王大智，谭思琦译. 上海：中西书局，2013.

炮，配合自铸火炮一起使用。可以说，湘军战船建设已经接近于早期的海军，是中国海军走向近代的过渡形式。湘军水师每营装备长龙船 8 艘，舢板船 22 艘。此外，湘军战船还配有购买来的燧发枪，比起清军制式的火绳枪要好用得多，以备近战时用。[①]

但是，清廷上下仍以“华夷”观念为指导，曾实践过“师夷”，最终未能得到整个社会舆论的认同，他们本身也似懂非懂，以至于出现了“禁止大黄、茶叶出口，立能制诸夷之命，洋兵腿肚不能屈伸，一击即倒”等啼笑皆非之论。当时具有先进思想和眼光的官员、士大夫无论具有怎样深切的危机感，也不能左右中国政局走向，他们提出的“师夷长技以制夷”的军事近代化方案，被清廷整整搁置了 20 年之久。

时至英法联军侵华之役，清军使用前装滑膛洋炮还是比较生疏。可以说，清朝在此战争中兵员与备防物资（图 12.4）数量庞大，但军力的强弱不在于绝对数字，而在于科技含量与灵活驾驭。

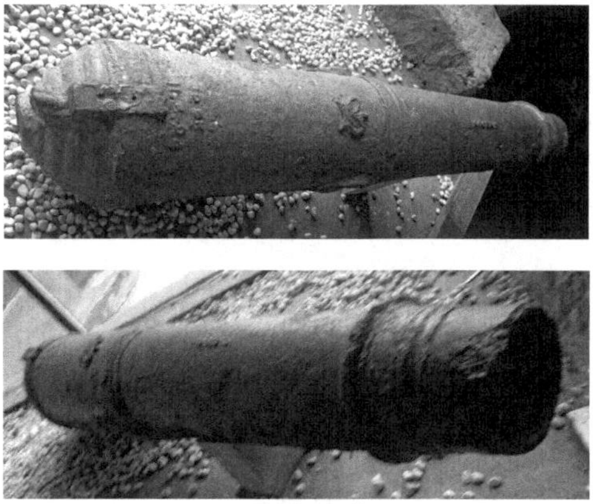

图 12.4　天津大沽口炮台遗址博物馆展览英国卡隆铁炮（笔者摄）[②]

① 罗尔纲. 湘军兵志. 北京：中华书局，1984；王闿运. 湘军志. 长沙：岳麓书社，1983.

② 炮口至炮耳 101 厘米，炮口至火门 155 厘米，口内径 13. 5 厘米，口外径 17 厘米，底径 39 厘米。炮耳和炮尾残。

在此役结束后，在洋务运动思潮的激荡下，西方兵学的东渐力度开始加强。清政府迈出了学习西方军事的实际步伐，投入大量资金购买和仿造西方军事装备，设局开馆大规模翻译“有裨实用”的西方兵学著作，派遣大量留学生去学习军事科技和军事制度，并建立各类军事学堂，雇聘洋员开展军事教育等。官方性质的翻译出版机构中，尤其值得一提的是沪局翻译馆。它是编译科技著作较多的机构，质量高、影响大。①

第二节 太平天国运动时期清军和太平军配置洋炮

曾国藩建成湘军陆师和水师，购买洋炮用以镇压太平天国运动。淮军装备的洋枪洋炮更胜湘军。李鸿章《密陈剿捻事宜片》言道：曾国藩所立楚军营制，每营五百人，仅用抬枪、小枪一百二十余杆。臣军每营则用洋枪四百余杆，少亦三百余杆。洋药铜帽每开一仗则需数万斤。其开花炮队，炮具之笨重，药弹之繁冗，每出一仗则需数十巨舰装运，此非他人所能深知，他省所能接济者也。

据不完全统计，叶名琛1854～1856年代为购买的洋炮有1800多门，多被运往对抗太平天国的两湖战场上。

19世纪60年代，淮军参与了上海防务。李鸿章将他的行辕设在上海的县城，从一开始就决定，淮军将不作为英、法两国的附庸来打仗，不与洋人相混。李鸿章与曾国藩颇不相同。李鸿章从西方购买了大量来复枪等轻武器和西式野战炮，且雇用英、法两国军官来训练淮军使用。为了供应这支军队所需的弹药，还要进行另一项改革：迅速建起了生产近代军火的兵工厂。

太平军在淮军之先已使用洋枪，而且数量颇多。其所以不能获

① 王扬宗. 江南制造局翻译馆史略. 中国科技史杂志，1988（3）：65-74.

胜，在于淮军有组织：淮军用湘军编伍的定制加上西方运用洋枪的成法，而成为新的队伍。①

1862 年，清政府将美国人华尔统领的洋枪队扩编为“常胜军”。常胜军协同李鸿章的军队到西线攻打太平军的据点。在这些战役中应用了英国按优惠条款提供的近代火炮，改变了内战所特有的古老攻坚方式。李鸿章在江苏东部战场上的胜利，牵制了太平军防御天京的力量（当时它正处在曾国荃的围攻下），从而加速了太平天国运动的失败。②

当时向清朝出售武器的主要是英、法、美等国家的私商，卖给中国的主要是旧式前装滑膛炮，这些铁炮被称为“洋庄、洋装”，尽管已落后于后装线膛炮，但比起当时清朝自铸的火炮，在形制、性能上要先进。

除了广东地区以外，清军另一重要的西方武器来源地是上海。在此外购西式武器的关键人物之一是时任上海道台的旧十三行商人吴健彰。在江南一带镇压起义军的清军部队，手中的新式武器多由上海一带进口。可以说，清军对新式武器的渴求程度与战况的紧急程度成正比。每当太平军进逼华东，官僚们便急从上海抢购洋枪洋炮，有时达到了不计武器价格的程度。但由于过于仓促，经常被洋商肆意宰价，或者以次充好。清军对此武器并不能熟练应用，更不懂与之匹配的西式陆海战法，只是在拿着洋枪洋炮打土仗而已。并且，很多洋炮随着清军战事的失利落到了太平军手里，另外还有相当数量落到了小刀会起义军手里。③

随着战争的胶着，清军和太平军对西方武器引进的规模在不断地

---

① 王尔敏. 淮军志. 桂林：广西师范大学出版社，2008.

② 费正清，刘广京. 剑桥中国晚清史（1800—1911 年）. 中国社会科学院历史研究所编译室译. 2 版. 北京：中国社会科学出版社，2018.

③ 兴河. 天朝师夷录——中国近代对世界军事技术的引进（1840—1860）. 北京：解放军出版社，2014.

扩大，都经历了购买武器→研究仿制（图 12.5）→雇佣洋员→借师攻伐→设立兵工厂几个阶段。①在此过程中，双方火器（图 12.5、图 12.6）有旧式、改造式与新式之分，新式即洋枪洋炮，全系购自外洋。

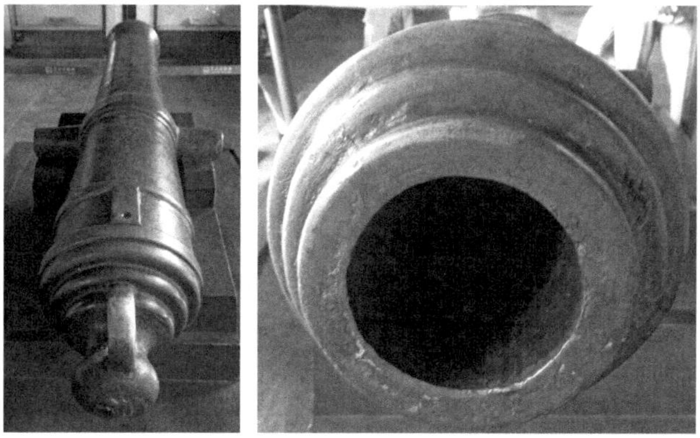

(a)　　(b)

图 12.5　江苏苏州博物馆展览太平天国铜炮（笔者摄）②

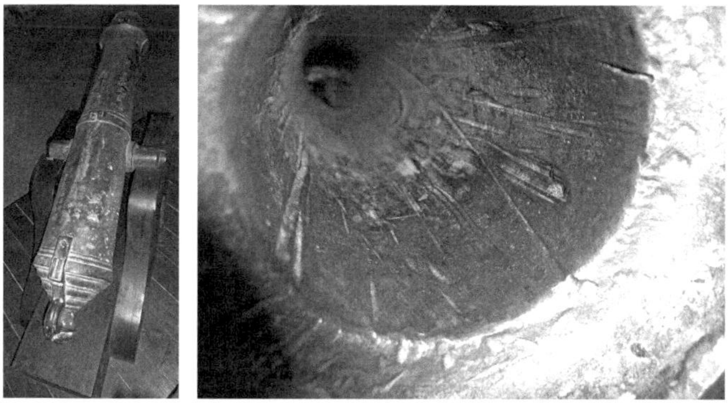

(a)　　(b)

图 12.6　浙江嘉兴博物馆展览清咸丰前装线膛铜炮③（笔者摄）

① 兴河. 天朝师夷录——中国近代对世界军事技术的引进（1840—1860）. 北京：解放军出版社，2014.

② 中国人民革命军事博物馆存放有同样的几门铜炮。炮口至炮耳 60 厘米，口内径 11. 5 厘米，口外径 17 厘米，底径 39 厘米，耳长 14 厘米。

③ 炮口至炮耳 55 厘米，炮口至火门 93 厘米，口内径 7 厘米，口外径 13 厘米，底径 16 厘米，耳长 8 厘米。

清廷真正大量雇佣洋员、借师助剿以及兴办近代兵工厂的时间，是在 1860 年《中俄北京条约》签订以后。一时间，西方大小洋商大发中国的内战财，上海成了一个军火卖场，洋人哄抬物价。吴健彰扩充水营战力，组成西洋船队，取胜用的是类似接舷战的落后战法，可见其水战水平依然不高。由此可见，此由重金打造、用西式船炮和洋员驾驶、在清军水师中数一数二的船队与真正的西方海军还是有着天壤之别，但为清军水师提高战力起着示范作用。

在 19 世纪 50 年代中期，为对抗江浙粤海盗，商人开始将外购的西洋木壳武装轮船用于护航捕盗，其船身高过盗艇，炮火打得远，机关灵活，顺逆风皆能指挥如意，自此，采购洋船对付海盗流行。继民间之后，清廷克服了对西洋明轮蒸汽船疑惧的态度，开始购买，用于镇压太平军，其地位不亚于步兵与炮兵，主要用于对岸攻击、军事运输、封锁交通等。而太平军亦曾夺取轮船为己所用。尽管这些船只并不能算作正规军舰，但在捕盗护航和对内战争中发挥了旧式战船无法比拟的作用，是中国江防与海防进入蒸汽时代的开端。①

第三节　洋务运动时期兵工厂局仿制洋炮

中国新式兵工业以安庆内军械所为前驱。1861 年，曾国藩在安庆这一刚从太平军手里打下的战略要地建立了内军械所，用西法和简陋设备试造船炮。在 1862 年之后，曾国藩征召徐寿、华蘅芳、李善兰、徐建寅、龚芸棠等到安庆。他们大力推荐自美国回来的容闳到曾氏幕府。容闳建议，凡造器械须先有母器以生产各样有用之器。曾国藩派他去美国访购制器之器。湘军攻占南京后，内军械所

① 吉辰，陈峰. 咸丰同治年间武装轮船初探. 唐都学刊，2008（3）：73-79.

仍留在安庆，主要原因是该所规模小，不具备为未来战争制造兵器的条件。①

经上海一役，李鸿章认识到了“炮火绝妙精厉”的西洋枪炮的厉害，开始着手打造兵工厂。1863 年，淮军夺取苏州，李鸿章买下了英国舰队“水上兵工厂”的机器设备，建起了苏州洋炮局。该局生产出了火枪、田鸡炮等武器。有了这些西式枪炮武装，淮军声势更胜。各省制炮：初皆前膛旧制，继购欧洲新器。其后始命各省设局制造。制造之事，实始天津。当咸、同间，中原未靖，李鸿章疏请在天津设机器局，自造枪炮，以供北方军队之用。同时，江苏亦创立机器局。1865 年，李鸿章署两江总督后，设金陵机器制造局，乃将马格里主持之苏州洋炮局移入。此后逐渐改良设备，扩充规模，能造数种大炮、炮车、炮弹、枪弹等。②

就当时中国的武器水平而言，湘军的火力已颇为可观。每哨的抬枪队实有战术上的考量而非随意编排，即以抬枪作为压制性火器，类似于现代军队中配备机枪的火力班。而每营中的劈山炮则略相当于营属火炮，作为在关键部位或方向投入战斗的支援火力。

1865 年，沪局设立，由曾国藩规划，后由李鸿章负责，主持筹办诸事的是丁日昌。③1866 年，左宗棠设立了福州船政局。1867 年崇厚在恭亲王的赞助下，设立天津机器制造局。

以上兵工厂局是近代中国较早建立的规模较大的军工企业，目的是立即生产枪炮船舰。沪局和福州船政局这两大中心从一开始还强调培训工人。

---

① 黄建华. 帝国夕阳下的铸舰之梦：战船工程师徐寿. 上海：文汇出版社，2015.

② 杨东梁，谭绍兵. 清史编年：同治朝. 北京：中国人民大学出版社，2000.

③ 上海市档案馆. 百年“江南”风云，这里是“军工强国梦”开始的地方. 档案春秋，2019-12-20.

机床是工作母机，沪局较早开始研制机床，1867～1905 年，机床产量约占全国的 1/3。[①]沪局用欧洲砂模与实心钻膛技术制炮。机器设备和技术人员主要来自英国，且长期以前装线膛阿炮为蓝本。虽没有专门的翻砂厂，但其铸铜铁厂的作用是翻砂、造模、熔铸铜铁件。[②]

当然，军工企业的顺利生产，与清廷上下建立翻译馆、派遣留学生以及建立各类军事学堂、雇聘洋员开展军事教育的辅助密不可分。译书与出版西学书刊的机构主要有三家，即沪局、京师同文馆和广学会。[③]此时期中西人合译的船炮译著偏重介绍船炮的特点与用法，而对相关的原材料属性、炮体和炮架的设计、生产工艺、炮表设计与火炮靶试等方面的技术内容鲜有涉及，故对于自制船炮的意义有限，偏离了晚清兵工厂发展的实际需求。[④]

湘军没有像西方军队那样由“复古”的阶梯走向战术、训练的现代化，反而逐渐被后起的淮军甩在身后。到 1865 年底，淮军每 3 人便有 2 杆洋枪，变为洋枪队。

由湘军资助壮大的淮军，其军事技术发展趋势代表了晚清军事近代化的历程，清廷练军和日后的新军以淮军的建设为参考。淮军建立之初，武器装备与湘军一样落后，被在上海的外国人轻视。后来建立了沪局等兵工厂局以仿制外国先进的洋枪和洋炮装备淮军。

淮军进驻上海后，旧式枪械更换为洋枪，劈山炮也逐步换为洋炮，淮军的战斗力迅速增强。其火力是湘军的两倍以上，其他清军也难以望其项背。英法联军侵华之役后，清朝陆军的两大支柱是练

① 施渡桥. 论洋务派经营军工企业的主导思想与御侮主旨. 近代史研究，1996（2）：156-172.

② 周芃君，周卫荣，潜伟. 翻砂工艺与中国近代工业化. 江西理工大学学报，2012（6）：35-38.

③ 闫俊侠. 晚清西方兵学译著在中国的传播（1860—1895）. 上海：复旦大学，2007.

④ 孙烈. 德国克虏伯与晚清火炮——贸易与仿制模式下的技术转移. 济南：山东教育出版社，2015.

军和防军，其中淮系防军实力较强。[①]

1871 年之后，李鸿章陆续购置了 100 余门德国的克虏伯后装炮，但是各炮队依然掺杂了很多前装炮。另外，由于李鸿章对于西方武器装备发展形势不甚了解，且认为前装炮在一定程度上优于后装炮，因此没有大规模地将前装炮更新为后装炮。[②]

到 1890 年前后，淮军装备大量洋枪洋炮，成为清政府较为依靠的军事力量，从而避免了被裁撤的命运，为淮系政治军事集团的形成奠定了基础。淮军的驻防区逐步扩大，也由私属性较强的军队向国防军逐渐转化。当然，淮军的改革存在很多不尽如人意之处，主要表现在局限于器物层面，对于军事制度的转变较少触及。淮军坚持勇营制度，对西方强国普遍采用的征兵制持抵制态度。淮军各营头号令不齐，难以完成近代战争所要求的海陆各兵种协同作战的任务。最后，淮军纪律严重败坏，缺乏崇高的理想。这些是淮军缺陷的重要体现，也为淮军在中日甲午战争中的失利和淮军的衰败埋下了伏笔。[③]

英国马戛尔尼使团来华，曾带来砂模与实心钻膛技术的臼炮与榴弹炮等，但清廷未予重视。时至鸦片战争前后，中国购买不少西洋火炮，除用作军队配置外，间或用于商船自卫。此时对洋炮的购买与仿制，代表了晚清对西洋军事技术引进的初步热潮，与晚清对外火器短视政策的逐步解冻有关。

至英法联军侵华之役，以大沽口为代表的清朝炮台内安装了一些前装滑膛洋炮，不过，清军使用还是比较生疏。即使有洋炮的辅助，清军水师作战水平依然不高，在进攻上海时无法压制太平军的火力，反而有若干船只被痛击或搁浅。西式船炮的威慑意义甚至大

---

① 戴鞍钢. 晚清史. 上海：百家出版社，2009.

② 关伟. 论洋务运动时期淮军的改进和建设. 武汉：华中师范大学，2013.

③ 关伟. 论洋务运动时期淮军的改进和建设. 武汉：华中师范大学，2013.

于实战意义。淮军改进之处是设立了洋枪队和洋炮队，以及聘用洋员训练，极大地提升了战斗力。

洋务运动时期，沪局用欧洲砂模与实心钻膛技术制炮。为了供应武器弹药，兵工厂局如火如荼。淮军大规模装备近代化兵器，进而成长为晚清政府倚重的军事力量。但其纪律严重败坏，为衰败埋下了伏笔。

第十三章　火炮射速、陆海战术与划一问题

其实，在前装滑膛炮盛行的1550～1870年的300多年间，欧洲火器的改善也进行得非常慢：尽管每门舰炮在舷侧只有很小的移动空间，也不得不在每次发射后调头装弹。由于存在这些不足，此时期的火炮在设计上有了一些重要的改进，但这些进步均受到当时弹药和点火方式的制约。[①]在当时中西枪炮射程较短的情况下，火炮测准技术并不涉及太多的技术环节，尽管也使用立表等辅助仪器，一般要通过舰船机动辅助实现。中西军队交战时火炮通常是平射，或者比水平线略高出一点。只有臼炮以大的角度曲射，用于轰击障碍物后部的目标。[②]当时中西更重视火炮口径的大小、机动性和射速的提高。

拿破仑战争期间，英国一门42磅弹陆用加农炮平射时，有效的最大射程达2000多米。清人对洋炮射程有记载：若夫攻占之术，夷所恃者，炮耳。其炮皆以铜为之……炮子则用生铁，大者四十斤，小者亦二十五斤。火药之力，较中国犹猛，炮火所轰击，可及三四里，诚劲敌也。（《广东海防汇览》）

至鸦片战争时期，西欧各国随着炮车的不断改进，火炮的机动性能大大增强，成为作战的重要武器。侵华英军火炮在形制构造上已标准化，炮手容易操作，可使发射速度增快。恩格斯在《海军》

---

① The Diagram Group. 世界武器图典（公元前5000年—公元21世纪）. 刘军，董强译. 合肥：安徽人民出版社，2008.

② 辛格，等. 技术史·第3卷·文艺复兴至工业革命（约1500年至1750年）. 高亮华，戴吾三译. 上海：上海科技教育出版社，2004.

中说：在这种比较大的军舰上，人们不是去增加火炮的数目，而是去加大每一门火炮的口径、重量和长度，以便能使用全装药和达到最大的直射距离，这样就能在远距离上开火。24 磅以下的小口径炮在大军舰上已经绝迹。而其余火炮的口径也被简化，每艘舰上不超过两种口径，最多三种口径。

在 17 世纪中叶，由于泥模铸炮的限制，欧洲火炮每小时发射 10 发是允许的，发射 40 发后必须间隔 1 小时以待冷却。到了 18 世纪 60 年代，由于炮架升降装置和远视装置的引进，射速提高。到了 19 世纪，一门轻炮搭配一个训练甚好的炮手，射速可达 8 发/分钟，但在实际作战中，为了防止火炮炸裂，还是 2 发/分钟的低速射击。霰弹炮可达 3 发/分钟。①

第一节　清军火炮射速概况

为了应对西方侵略者，近代中国火炮种类繁多，造成弹药装填各异，操作复杂，也给战斗作业、弹药补给、枪炮维修等带来极大困难，导致火炮射速缓慢，陆海战术难以尽力施展，部队攻防能力有限，对战争结局产生不利影响。清军重炮发射时使用的附件众多，通常需三到六名炮手的相互配合：大炮应用多少药，先以布袋盛之。应用炮子、碎子各置一筐于本炮之处……其大炮要四五人帮之……其子母炮小子各已装便，一位要三人稳照打放，一装子炮药，一安子以及点绳心。（《广东海防汇览》）西人在 1860 年塘沽观察道：清军三人一组操作大炮。②

① Hughes B P. Firepower：Weapons Effectiveness on the Battlefield，1630-1850. New York：Charles Scribner’s Sons，1974.

② 麦吉. 我们如何进入北京——1860 年在中国战役的记述. 叶红卫，江先发译. 上海：中西书局，2011.

清军铁炮的白口铸铁材质性能不如西洋灰口铸铁，造成射速慢。清军自铸火炮多采用传统的泥模铸造技术，“弹不圆正，口不直顺”。炮体庞大、口内径相对较小，庞大的炮体制约了机动性，发射时后坐力大，若火炮再次发射，就要恢复到原先位置，重新瞄准，这就需要较长时间，射速受到影响。清军炮架多用寻常杂木制成，调整左右和射界极其困难。

火绳点火方式影响射速。至 19 世纪中叶，清军火炮基本上还停留在弹药前装、滑膛和火绳点火阶段。其实，燧石点火装置早已发明。至康熙时，曾有人制成皇帝打猎用的燧发枪，但因为统治者的火器垄断思想，发展停滞，燧石点火装置未能移植到火炮上。清军火炮除极少数仿制英军的燧发机（它产生火花进入火门点火，代替了过去松散的点火药和火绳）外，通常为慢速火绳点火装置。

《演炮图说》以及英参战军官的著作中，绘有清军开炮时的情景图。炮手由于害怕火炮炸裂，故点燃火门的炮手离火门很远，周围炮手为防意外，皆采取了防护措施。如此看来，清军当时放炮害怕炸裂的心态具有普遍性。也同样因为材质，发射炮弹后，炮膛需要冷却才能重新装填，冷却越慢需要等待的时间越长。

17 世纪的红夷炮发射速度不快，每分钟虽有可能达到 1～2 发，但炮管无法承受持续射击，隔一段时间就需休息以冷却，故每小时平均只可发射 8 发，每天通常不超过 100 发。且铁炮在射击约 600 次、铜炮约 1000 次后，就已不太堪用。[①]也就是说，红夷炮对快速运动的步骑兵无法有效防堵并歼敌，但对攻守城而言效果显著。[②]清军火炮在 17～19 世纪的射速应和欧洲火炮 17～18 世纪的射速差不多，即约 1 次/6 分钟。至英法联军侵华之役，清军重炮的

① Hall B S. Weapons and Warfare in Renaissance Europe：Gunpowder，Technology，and Tactics. Baltimore：Johns Hopkins University Press，1997；Hogg O F G. Artillery：Its Origin，Heyday and Decline. London：C. Hurst，1970.

② 黄一农. 红夷大炮与皇太极创立的八旗汉军. 历史研究，2004（4）：74-105.

射速大约仅是侵略军火炮的1/10。

第二节　明清陆海战术落后

世界战术发展史表明，在火器技术发展相当缓慢的条件下，战斗方式却已发生了翻天覆地的变化。因为以往的战斗方式并不一定能发挥出火器的最佳效能，进而存在着在技术不变条件下改进战术的空间。例如，从16世纪初到17世纪末这100余年的时间里，西方军队的制式武器都是火绳枪，但这并不妨碍出现荷兰莫里斯亲王和瑞典国王古斯塔夫二世开启的战术革命。以此为参照，16～17世纪的中国军队也存在火绳枪，但却未能发展出使其得到最佳运用的战术体系。而到了19世纪后半叶，中国的武器技术已有了显著的发展，但军队的战术变革却依然缓慢而艰难。这些状况显然说明，中国军事技术落后远非战术发展缓慢的决定性因素。相反，战术发展的缓慢倒应该是中国火器进步缓慢的一个原因。清军鸟枪未装配刺刀就是一个很值得思考的例子。①

在14～19世纪，中西火枪技术相对于冷兵器和火炮而言具有一定的优势，故诞生了一系列以火枪为中心的陆战战术。尽管火枪存在着射速慢、精度差等缺点，明清骑兵的重要性也有所下降，但总体看，中国陆战战场仍以骑兵战为主。加之火炮所起作用有限，故对其重视不够，炮制杂乱的状况不可避免。

明初中国火器的研制与陆海战术的革新在世界上起着先导作用，尽管多是经验的产物。明朝中期戚家军抗倭时使用了"鸳鸯阵"。清军常用"九进十连环"式御敌，但其水平相当于欧洲16世纪冷

① 赵鲁臻. 危机下的变革：晚清陆军战术及训练研究——以湘军、淮军与新建陆军为中心的讨论. 天津：南开大学，2014.

热兵器结合型的“西班牙方阵”。

清军鸟枪只能短暂齐射，然后就短兵相接、白刃格斗，无法轮番连续射击。[①]如此，同装备射程远的新式击发式枪的西洋侵略军进行作战，除特殊情况外，很难取胜。此战术在明朝经历了长时期的发展，在清朝与子母炮协同作战，发展为“九进十连环”，成为清军火器战术的训练方式：9 行鸟枪手，依次放枪，右出左进，至第 10 次则火炮与鸟枪齐放，使火力形成连环，施放无间。[②]

至英法联军侵华之役，清军惯于使用火绳长枪，形成方阵或半圆阵型御敌，但在远射程的联军枪炮面前却失去了大部分战术价值。

清八旗兵另使用一种被称为“百人哨”的阵式御敌。这种阵式又称“鸟枪三叠阵”，是由明末清初的阵法演变而来的。加上骑兵的快速突击，被清廷视为军事机密，规定只准传授满蒙八旗，对八旗汉军和绿营则严格保密。其战术如下：窃谓宜采李绂三叠鸟枪阵，与鸳鸯阵合用……鸟枪分六层，层三叠，步卒五队随之进，共百人为一哨，后哨如前，排法逶迤而行。观贼在二百步外，息鼓伏旗不动，俟至百步内，举旗为号，鸣铮一声，抬炮连环先发。至五十步内，鸣铮三声，叠枪连环继之。如贼抢至十步内，擂鼓齐鸣，长牌、圆牌如墙并进，枪刀夹牌而入，短箭手在挨牌之后，伺便暗射，贼来迎扑，不死于枪，即死于短箭，箭轻不重，可人带百枝，弓小而硬，蹦手即出，肘腋之下，枪刀之隙，飞落如雨，较弩捷十倍。头队火器连环一周，左右分转，绕出步队后排立，后队火器分出前步队之左右。若贼不退，即以抬炮左右斜击，俟其少却，三叠续放，后队步兵分出迎敌，而前排步兵抽至前番原火队之后，每路有五哨，更番迭战，士得休息，可终日不倦。中军大营，分路应援，或折于

① 钟少异. 古兵雕虫——钟少异自选集. 上海：中西书局，2015.

② 常修铭. 16～17 世纪东亚海域火器交流史研究. 新竹：清华大学，2016.

后，或截于中，或设伏夹击，是为有节制之兵。①

战斗时，第一叠取卧姿，第二叠取跪姿，第三叠取立姿，依号令发射。此阵列弱点有三。第一，作战效能低。清军只有约半数士兵装备火器，而西洋侵略军全部装备火器，且他们的枪支装有刺，当清军与同样数量的侵略军对阵时，实际是先用一半的火器兵对抗全部侵略军，再用另一半冷兵器兵对抗全部侵略军。第二，战术机动性较差。清军将领在指挥中除了考虑步骑协同外，还必须考虑冷热兵器协同，指挥更为困难。为避免发生混乱，整个阵列只能以慢速移动。第三，排列较为密集。一方面，在战斗中难以移动到有利位置；另一方面，易受侵略军枪炮攻击。②

至鸦片战争前后，中国陆战部队使用前装滑膛鸟枪、抬枪、前装炮及部分冷兵器。其兵器水平仍长期停留在冷热兵器混用阶段，火器性能差的弱点限制了其攻防战术的发展。比如，分类杂乱的火炮射速慢，缺乏攻坚能力，使炮兵不能成为一个独立的兵种，发展自己的战术。鸟枪射速慢，弹丸威力小，又使枪手们不能脱离刀矛手单独作战。③在远射程的西洋枪炮及采用"纵队战术"的侵略军面前，败多胜少。至洋务运动时期，清军将领固守陈旧战法，致使军队的技术和战术处于矛盾状态。④

欧洲在 19 世纪 40～50 年代装备了大量前装线膛枪，比前装滑膛枪的射速、射击精度以及射程都至少提高了一倍，所以线膛枪手可以自我防护了。骑兵的突袭行动对这一步兵火力上的革命束手无策。传统的骑兵突袭时代已经过去，骑兵是一个很大的目标，还无法进行掩蔽，失去了战术价值。⑤

---

① 中国史学会. 中国近代史资料丛刊 • 鸦片战争. 上海：神州国光社，1954. .

② 吕小鲜. 第一次鸦片战争时期中英两军的武器和作战效能. 历史档案，1988（3）：86-94.

③ 皮明勇，刘庆. 清军陆战战术演变. 军事历史研究，1989（2）：51-62.

④ 牛俊法. 论近代清军的装备与战术. 史学月刊，1985（6）：67-71.

⑤ 琼斯. 西方战争艺术. 刘克俭，刘卫国译. 海口：海南出版社，2018.

从远古至 17 世纪中叶，中西方海战战术主要还是接舷肉搏与追逐战。清朝平定台湾之时，清郑双方都没有发展出代表风帆时代的西洋标准海战战术——线式战术，双方水师主要采用炮击、冲撞、登船白刃战、火攻等混合战术对敌。至鸦片战争前后，清朝水师海战仍是从撞击和强行登船方式向舷炮齐射的线式战术过渡（表 13.1），而西洋侵略军在中国江海主要使用线式战术攻击清朝陆海部队。当时中西部队的主导战，应是在中国江海炮台或城防工事附近的攻防战。

表 13.1 至 19 世纪末中国军队海战战术的演变

时间	分类	应用
从远古至鸦片战争	接舷肉搏与追逐战	鸦片战争中仍广泛应用
鸦片战争至甲午战争前	线式战术	鸦片战争中，以广东水师为代表的清朝师船战术也曾使用过抢占上风的线式战术； 洋务运动中《船阵图说》介绍西式线式战术的变种，对北洋水师影响大
甲午战争	机动战术	清朝海军尽管失利，但还是代表了晚清中国海战战术的较高水平

船炮的后坐力巨大，故线式战术实施的条件是：坚固的船体、严格的纪律以及充足的火力。

明清中国战船受限于材质、结构。清廷又对造船业有各种各样的禁令，阻碍了船炮技术的发展，以致师船多数只能游弋于沿海地方，不能深入大洋，算不上是正式的海军。[①]从材料上来说，中国帆船除少数广船使用热带硬木之外，一般使用松木或杉木，不像欧洲战船使用橡木等优良材料，故在船身强度方面显得弱势，很难达到安放后坐力大的重炮的要求。[②]

鸦片战争前后，清朝沿海地区有一些船炮方面的“师夷长技”

---

① 王家俭. 李鸿章与北洋舰队：近代中国创建海军的失败与教训. 北京：生活·读书·新知三联书店，2008.

② 来少峰. 新海权论：中国崛起的海洋之路. 北京：电子工业出版社，2012.

活动，但中西技术悬殊，许多封疆大吏对西方船炮性能及陆军登陆作战能力所知甚少，认为中英对战主要是陆海炮战，鉴于当时中国没有强大的近代海军，为了扬长避短，只能采取“舍水就陆，沿海筑土城、建炮台、造巨型火炮”的御敌策略。①这种普遍认识，使得清朝火炮制造改变了康—乾时期由重到轻的趋势。但是，巨型火炮必然导致机动性不好，进而影响其射速和射击精度等。由于岸上清军要考虑炮台与敌舰的不同距离，类型不同的火器应运而生。具体而言，清军江海迎敌战术，有抛掷火球、火罐，施放火箭、喷筒以及爬桅跳船等，也采用接舷肉搏和横阵冲撞战术。②《广东海防汇览》：更有一法，以少胜多，以小克大，则莫如用火攻船……须用米艇数只……兵二三十名执有藤牌、挡叉、钩镰、挑刀等械在内，船头并舱上面，先用松香，又用火药桶排列，上用松毛覆之，多多益善，或干草。火恐不烈，又用长竹一条打空心，火药作引，由船内通至船尾后伸出……其驶船，要撞进贼船，或前撞，或横撞……贼船焚而我杉板船即在水面擒贼矣。

此等破夷之法，时人多认为不足恃。在与实力相当的海盗作战时，广东水师遵循“远则炮击，近者火攻、接舷”的原则。

第三节　火炮划一问题的影响

鸦片战争、英法联军侵华之役的规模与持续时间都比较有限，且多以沿岸、要塞的攻防战斗为主，较少发生多兵种协同战斗的大型陆上会战。因此，侵略军的军事优势更多表现在武器技术而非战术手段上。③

① 中国第一历史档案馆. 鸦片战争档案史料（I～VII）. 天津：天津古籍出版社，1992.

② 中国史学会. 中国近代史资料丛刊·鸦片战争. 上海：神州国光社，1954.

③ 赵鲁臻. 危机下的变革：晚清陆军战术及训练研究——以湘军、淮军与新建陆军为中心的讨论. 天津：南开大学，2014.

清军铜铁火炮种类多而杂，操作复杂，不易掌握。在中西对峙的诸多陆海战斗中，缺乏训练的清军士兵在作战士气上很多时候是奋勇抗敌的，但火炮操作不熟练，射速低，常处于被动挨打的境地。而西洋火炮在形制构造上已标准化，种类相对较少，操作简便，便于掌握。且大中小陆海火炮因用途而配套，射程远近兼顾，适于进行大规模的陆海炮战。如浙江巡抚刘韵珂道：我炮于放毕之后，须另装子药，不能即时续放。彼则一船之炮甫毕，一船之炮又来，接续不断，急如骤雨，且其桅樯之上亦皆施炮，势甚高峻。我兵虽有土堡可以藏避，而高止数尺，炮子从空飞堕，兵仍被伤。①

《道光朝留中密奏》：彼之长技在于大炮、火箭二项，其接仗时黑夷潜伏舱中，身有所护，目有所见，装药下子，又甚便捷。白夷置身桅巅，用测远镜窥定，高下远近，号令施放，故能发无不中。火箭即随炮飞来，延烧甚烈，我之炮力，本不如彼炮之致远，而船系活动之物，又逆潮而上，可以随潮趋避，我炮施放，一出之后，彼炮已接踵而来，官兵容身无地，不及装药再放，是彼炮可以连环接续，而我一炮止有一出，发而不中，等诸无炮。

至于清军正式采用西洋火炮分类的时间，应在洋务运动时期。即 1903 年清廷设练兵处，由奕劻理火炮划一问题。张之洞提出采购与制造克虏伯 7.5 生山炮，是划一问题的尝试。在明清两朝的漫长时间内，火炮配置杂乱的问题一直是中国军队的痼疾，从晚清到民国始终未能彻底解决武器标准化的问题。②进入工业化时代的西洋诸国对非工业化地区的武力优势明显。《海国图志》：夷船攻我则于十里内外，遥升高桅，用远镜测量，情形嘹悉，一面先用大炮飞弹遥注轰击，使我兵惊溃，即一面分兵绕出炮台后路，使我水陆腹

---

① 中国第一历史档案馆. 鸦片战争档案史料（I～VII）. 天津：天津古籍出版社，1992.

② 兴河. 天朝师夷录——中国近代对世界军事技术的引进（1840—1860）. 北京：解放军出版社，2014.

背受敌，此虎门、厦门、定海、镇海、宝山失事情形，如出一辙。

从 17 世纪 50 年代开始，英国海军战舰有独特的作战方式。大约 12 艘编成一个战斗队形，首尾相接，排成一路纵队，在敌方近处通过，舰炮开火，集中火力彻底摧毁目标。在此情况下，射程和射击精度处于次要地位。为了达到作战效果，通常需长管炮和短管炮的相互配合。

19 世纪中期以前的欧洲“舷炮齐射”一般并不是一艘舰上一侧所有的火炮同时发射，那样会严重损伤船骨。通常是先发射前炮，然后按顺序依次发射，除非敌舰的相对位置发生变化。[①]鸦片战争之际，英舰炮发射炮弹的战术使炮弹能依次连续发射，整体上提高了射速，形成持续不断的火力。譬如，奕经等道：（英军舰炮）俱系两面排列，大船约长三十余丈，有炮六七十门，小号船只亦长有二十丈，列炮三四十门……各船大炮即接连同时开炮，声如迅雷，势如骤雨。我兵虽即开炮迎敌，击断夷船大桅两根，无如炮位既较彼为少……兼之逆船随时掉转，可以两面轮替开炮，其势更属不敌，兵勇业已伤亡甚多。[②]

英军铁炮形体小，又借助于炮架和战列舰、蒸汽船的海上机动性好的优势，常使用“舷炮线式齐射”战术，其舰炮总数常在清军海岸炮的 6 倍以上，猛攻清军一处炮台，然后以侧翼迂回包抄战法将仍坚持在阵地上的清军残部逐走，使习惯于阵地战和人海战术的清军难以应对。

在 1834 年律劳卑事件中，广东虎门炮台上有 60 门炮，都被固定在炮台上，而不是炮架上，无法瞄准敌人，西人评论道：那更像烟花而不是大炮。最终清军 60 门炮被摧毁，英军只有数名士兵战

① 波特. 海上实力. 马炳忠，张毓文，方勋译. 北京：海洋出版社，1990.

② 中国第一历史档案馆. 鸦片战争档案史料（I～VII）. 天津：天津古籍出版社，1992.

死或受伤。[①]丁韪良曾说：第一次大沽口之战中，清军炮弹每隔五分钟或十分钟才有规则地打过来，显然都是出自一尊大炮，在越过我们头上后就都落到后面的水中去了，后来才知道大炮都是装在不能移动的木架上的。考虑到他们的大炮很可怜，中国人的确打得不错。有人打赌说只要打半个小时就行了，结果他们却坚持了两个小时又一刻钟。在这期间，炮台上和炮台内的木架都被爆炸的炮弹打得起火，守卫者实在不能再撑下去了。只要大炮还在还击，就立刻会被一颗瞄得很准的炮弹打翻在地。最后中国兵营归于沉寂，并且消失在耀眼的烟雾中。[②]

在1860年的石缝炮台战役，一法国人说：距离炮台35米的时候，除了中央城门右侧的1门大炮外，敌人的所有大炮都停止了射击。我们注意到就剩下一个清军士兵还在给大炮装填炮弹。这位英勇的军人先是靠在他负责的大炮下面，然后重新站起来，开炮，然后再重新开始这一套古怪的操作，联军的炮弹都不能让他停下。[③]

清朝入关后逐渐采用鸟枪三叠阵的"连环枪法"及马队连营跟进的密集冲击战术用以陆战，由汉人组成的绿营兵陆地作战时采用"方阵战术"。在鸦片战争时期，侵略军的军事优势更多表现为武器技术上的先进。清军在远射程的西洋枪炮及采用"纵队战术"的敌军面前，败多胜少。清军海战从撞击和强行登船方式向舷炮齐射的线式战术过渡。19世纪中叶的前装滑膛炮的技术原理、黑火药效能、刚性炮架决定了其射速不快。清军重炮发射时使用的附件众多，通常需五六名炮手相互配合。白口铸铁材质的铁炮性能低，不如西洋灰口铸铁材质的火炮，造成射速低。各地火炮制法互异，尺寸与

① 黑尼斯三世，萨奈罗. 鸦片战争：一个帝国的沉迷和另一个帝国的堕落. 周辉荣译. 北京：生活·读书·新知三联书店，2005.

② 中国史学会. 中国近代史资料丛刊·第二次鸦片战争. 上海：上海人民出版社，1978.

③ 保罗. 远征中国. 孙一先，安康译. 上海：中西书局，2011.

大小不一，匹配的炮弹型号各异，操作难。火绳点火方式影响射速。炮架多用粗劣木料制成，尚未标准化，机动性不强；炮手疏于操练以及防御为主的笨拙战法影响射速。武备和陆海新战术发展的滞后与火炮类型不能划一具有关联性。

第十四章　晚清御侮兵器“万国牌”原因探析

第一节　自然观较少量化及火器理论落后

历史的发展过程有一个由思想的过程所构成的内在方面，亟待历史学家探求。[①]这就意味着，历史的变迁在某种程度上是思想演变外化于人们行为选择的表现形式，思想史家透过这些选择来把握其背后思想演变的脉络，以资后人借鉴。基于这一观点，或许可以将近代中国军队武备、战术及训练的缓慢演变视为国人思维观念艰难转型于军事领域的一种映射。自然观较少量化抑制火炮分类和制式的研究。近代武器业是当时科技含量较高的行业，其良性发展需要坚实的自然科学理论的支撑。

火器蕴含着特定的思维方式与文化观念。与西方自然哲学不同，中国传统哲学更关心社会伦理道德，对探究自然的热情和系统研究方法较少，通常是一些常识性的认识和思辨，使得很有生气的一些古代自然哲学在社会伦理道德的说教中迷失了方向。其另一个特点是“天人合一”，从某种意义上讲，把认识主体与客体合二为一的思想，消解了科学认识对象。[②]

传统自然观还催生出一套与之相应的思维方式：依靠直觉从整体上把握世界，而非分门别类地对事物进行概念上的界定和逻辑上的追溯；换句话说，经常越过概念界定、逻辑分析等认知过程而直

---

① 柯林武德. 历史的观念. 增补版. 何兆武，张文杰，陈新译. 北京：北京大学出版社，2010.

② 杨小明. 哲学思维与东西方科学之比较. 探索与争鸣，2004（12）：40-41.

接感悟、体会客体的内在本质，具有整体性、意会性的特点。①

从理论上讲，自然哲学是科学的前身，但是中国古代自然哲学火花散见于不同的哲学流派之中，缺乏系统化的理论体系，古代自然科学和以原理、定律、定义表现出来的理性自然知识是薄弱的。老子的道家学说显然包含着朴素的辩证法思想，但这个道略显神秘。中国虽早在13世纪即已使用火炮，并于明朝成为军队作战的长技，但明以前的兵学著述中，几乎不曾定性或定量地论及火炮的科学技术。缺乏量化思维的自然观，尽管具有很强的包容性、哲理性和创造性，但却可能缺乏一种“科学理性”，会使人沉浸于主体的内在体认和心灵感悟。②这在一定程度上抑制了兵器制式的创新。传统思维模式对近代中国学者乃至中国武备的影响不可低估，此应是近代中国武器“万国牌”和长期没有制式的深层次原因。传统思维也体现在火器理论中。火器都是在一定理论指导下并通过一定的技术装备的辅助制造出来的。

中国封建社会的结构及整个文明形态，使古近代兵器科学技术具有连续、缓慢增长和技术发达的特征，科学理论、实验、技术三者之间以及学者和工匠之间是离散的平行的关系。③自春秋战国开始，中国逐步形成了独具特色的兵学理论体系，“重道轻器，即道为器之本”成为东方兵学传统的核心要件。官方上下热衷于研究“道”的军事战略与战术，相对忽视研究“器”的军事技术与武器装备，传统军事学成了战略战术大全，技术条件弱。④

至明清时代，中国火器理论仍处于前科学时期，火器研制一向

① 赵鲁臻. 危机下的变革：晚清陆军战术及训练研究——以湘军、淮军与新建陆军为中心的讨论. 天津：南开大学，2014.

② 赵鲁臻. 古代中西军事思维方式的比较——春秋战国、秦汉时期与古希腊罗马时代. 天津：南开大学，2011.

③ 龚胜泉. 十八世纪中西方武器装备的比较研究. 绵阳师范学院学报，2003（4）：34-40.

④ 刘戟锋，曾华锋，盖立阁. 国外科学技术与军事著作导读. 第1辑. 北京：解放军出版社，2010.

处于制器尚象的技艺层面。西洋传教士利玛窦、汤若望、南怀仁等以科学技术为敲门砖，带来了较先进的西方科学。面对中国火器的弱势，明清两朝不得不开始了与西方的交流，出现了《筹海图编》《登坛必究》《神器谱》《兵录》《武备志》《西法神机》《火攻挈要》等多部关于火器的著述。但是清朝自局势相对稳定后，不但无意于火器研制，甚至将早先的兵器书籍列为禁书，致使火器知识不能传承，禁教政策也阻碍了西学东渐的道路，至此，清廷内堵死创新的源泉，外切断传播的渠道，火器科学发展几乎停滞。①

清廷对火器技术控制甚严，如此的兵学氛围，使得生产枪炮的工厂无专门的研究机构，匠役们按照样品凭经验进行生产，自然类型与功能各异。譬如，在乾隆时第二次金川战役中，清军就地新铸火炮发生数起炸裂事件，究其原因，怀疑是铜铁的纯度不够，实际上是由于高山气压低，铜铁沸点下降，冶炼不到位，开炮时容易炸裂。再如，在火药的配比和制作方面，一些火药制作者利用手工生产方式虽然也能配置一些品质好的火药，但没有上升到透析火药机理的高度，使用的区域也只是局部性的。②

第二节　明清枪炮武器矛盾关系不突出

在黑火药兵器存续的年代，尤其在自行火炮或汽车拖拽火炮出现之前，中西炮台是重要的火力防御和打击阵地。从 15 世纪到 19 世纪末期，西洋资本主义强国的战船、火炮与炮台（最初称为城堡）技术的发展一直呈矛、盾拉锯战。在三者的较量中，最终战船技术占了上风，促进了彼此技术和性能的飞跃发展、西洋武器的更新换

① 李婷婷，朱亚宗. 19 世纪中期：军事技术系统时代的开端. 自然辩证法研究，2009（9）：112-117.
② 张世明. 18 世纪的中国与世界·军事卷. 沈阳：辽海出版社，1999.

代，以及武器的划一。但是，同期的中国，战船、火枪、火炮与炮台技术之间矛盾拉锯战的关系不突出，呈现出火炮技术相对发达，火枪、战船和炮台技术相对滞后的状况，此为兵器难以划一、制式难以统一的技术原因。

15 世纪以来，随着火炮技术攻坚能力的增强，炮台技术似应向低矮与坚固的方向发展，而船炮性能的增强，也应促进江海沿岸防御工事技术的提高，其又刺激着攻坚火炮爆炸弹技术的产生。但事实上，在明清以来的武器技术演变中，矛盾拉锯战的关系却是松散的，互相激发力度有限，没有更好地促进彼此之间技术与性能的飞跃。这是受到了明清专制制度因素的长期抑制。譬如，到 15 世纪末期乃至 16 世纪初期，西洋佛郎机炮传入明朝的不长时间里，明朝朝野已把它当作“御敌神器”，西洋在明人心中留下了“船坚炮利”的初步印象。但与火炮相比，西洋战船给人的震撼和冲击稍小些，南京龙江船厂曾于嘉靖时进行过仿制，交由官军使用，但到后来却罢而不用。①

明朝中后期，由于东南沿海倭患严重和西方海盗商人的威胁，海防重心南移。明清水师所属的防御系统可分为海上与沿海两个部分，海上部分是战船，沿海防御系统主要有炮台、烽堠与水师城寨等。

嘉靖朝之后，倭寇、海盗、欧洲势力持续侵扰，为御侮，明朝船炮技术发生了一系列变革。嘉靖～万历朝，以引入佛郎机炮为中心，且发明铜发熕、百子铳等欧式炮，改造威远炮，仿制蜈蚣船（作为佛郎机炮的载体）②、叭喇唬船，创制桅杆接续技术。天启、崇祯朝，以引入红夷炮为中心，设置铳车、舷窗、炮甲板，创制熕船和舷侧炮技术。但表现出明显的“重利炮，轻坚船”倾向，即向重

---

① 庞乃明．“船坚炮利”：一个明代已有的欧洲印象．史学月刊，2016（2）：51-65.

② 徐旅尊，衷海燕．明代“蜈蚣”战船考．江苏科技大学学报（社会科学版），2021（4）：8-17.

炮方向发展，强化炮击战术，与欧洲舰炮的变革节奏和方向一致。此技术偏好，植根于明朝技术传统与欧洲技术的兼容和排斥。①

鸦片战争的战败，让清人感觉到中西武器装备的巨大差距，但十余年来，其装备没有什么变化，而此时期正是西洋诸国武器更新换代的时期，中西差距在逐渐拉大，如蒸汽铁壳船逐步替代了木制帆船，线膛炮逐渐取代了滑膛炮，新式的线膛步枪大量装备于英法军队。清军武器原地踏步的原因，这里有一典型事件可做说明。鸦片战争后，法国人以英人反复不可信，请清朝遣使臣至其国，讲求修船铸炮攻守之法，以备防剿。一法使到粤，复向黄恩彤、潘仕成等劝说：英人所以横行，恃其船与炮也，其法皆创自法国，而英窃取之，中国重文轻武，更不讲求水战，是以英人得逞，若遣使臣往法国讲求船炮水战之法，以中国人之聪明，不出三年，可尽其妙。英人若再生事，破之何难？中国独无意乎？清人回复：中国历来仿造夹板船，铸铜铁炮，均与西洋工巧无异。公使应早有所闻。至水战之法，惟在因地制宜，宜于西洋者，不必宜于中国，况临敌决胜，移步换形，顷刻百变，岂可执一，亦非法国所能教也。②

当然，在鸦片战争前后，也不断有人呼吁应加强诸军事技术之间的联系。譬如，《知止堂集》云：炮台以防奔突，而炮力所及，足以中敌船而碎之，是以守为战也。战船以备冲击，而遇有敌船犯我炮台，不难飞驶来援，而夹攻其背，是以战为守也。二者相须为用，缺一不可者也。

至同治年间江苏巡抚丁日昌拟《海洋水师章程》六条，对此关系认知有所深入：沿海择要修筑炮台……演炮必求其准，守台必求其人，与沿海水师轮船相为表里，奇正互用。

综上，明清军方上下于枪炮武器矛盾关系认知落后，即使在鸦

① 谭玉华. 明朝海防战船欧化变革的历史考察. 中山大学学报（社会科学版），2019（5）：128-139.

② 中国史学会. 中国近代史资料丛刊·鸦片战争. 上海：神州国光社，1954.

片战争前后认识到了应加强彼此之间的互动，但仍有欠缺，措施无力，故军事技术零散发展成为常态。

第三节　“崇文”氛围

由于中原地理环境和长期的农业经济结构，家国一统、和合是传统文化的伦理追求，也影响着军事文化。“追求和平，以德服人”的“崇文”氛围强调稳定、守成、内敛，相对轻武。传统文化的核心和显著特点是以道德仁义立国而不以武力立国，对战争暴力持一种谨慎乃至厌恶的态度。这一观念是中华民族的一种传统美德，值得肯定。[①]但是，这种价值观也导致古代军事职业缺乏吸引力，军事科学难以吸收优秀人才，改进武器的积极性低。

譬如，火炮的前身——抛石机为何在中国发展缓慢？为何从来不愿把它发展成更重型的配重式器械？一方面，欧式配重式抛石机传到中国时，火药武器已产生好久，把炸弹从牵引式抛石机上抛出，要比从更重、更笨的配重式抛石机上抛出容易得多。另一方面，中国军事哲学强调的是没有大规模杀伤的胜利，而把一个城市炸碎，似乎与国人的思维定式不合。

自宋代以来，重文轻武观念逐渐弥漫于官方上下。至清人入关后，在顺、康、雍、乾四朝，社会上一度呈现出“尚武”的风气。然而，乾嘉之后，“尚武”风气日渐淡薄，晚清社会弥漫着一种夜郎自大、停滞腐化的风气。[②]

固守封建专制的晚清仍然是一个以内陆—农业—儒学为主导的社会。这里以一段中英人士的对话做说明。伊里布的属下张喜登

① 皮明勇. 中国传统军事文化观念与军事近代化刍论. 齐鲁学刊，1995（2）：37-43.

② 刘一兵. 清末尚武思潮述论. 历史档案，2003（4）：68-76；卫周安. 清代战争文化. 董建中，等译. 北京：中国人民大学出版社，2020.

上英国火轮船，与英人有一段交流：喜赞其制造之巧。马礼逊云：“贵国之人亦能此否？”喜云：“此技虽巧，天朝之人用心不在于此。”“彼之用心何事？”喜云：“我国用心在文章。”夷云：“文章亦要，此事亦要”。①

张喜的报告中对英军战船进行了细致观察，但有数据误差。这透露出一些中西不对称的信息：在西方资本主义强劲发展的对比之下，清朝封建制度和技术发展已显得苍白和脆弱。科学技术的进步因远离农业社会的需要，所以长期不受重视。科举制度造就的是封建社会需要的单一的统治或管理人才。此对维持封建统治已感无力，对抗西方列强更显技穷。②

鸦片战争战败之后，许多先进的国人开始从不同的角度对中国重文轻武的传统进行批判，并提出了解决之道。经过洋务运动、戊戌变法等，社会终于在20世纪初形成了广泛的思潮。如张之洞了解到德国军事强大与它的军国主义有关，日本的崛起与武士道精神有关，因而他对中国重文轻武的传统深入剖析、深刻批判。梁启超也提倡尚武，推动了尚武思潮的高涨。晚清对军制进行了一系列调整，比如提高武职品级，改变官职中的重文轻武传统，提高军人的政治、经济地位，以及学制中把尚武纳入教育宗旨。③以上都对尚武思潮的兴起起到了促进作用。这有利于军人社会地位的提高和军事素质的改善，推动了军事制度的改革以及近代军事技术的发展。

此时期国人“尚武”精神复兴，愿望是改变心理定式，并建立近代化国防体系，来强化国家机制。抵御外侮、反抗封建势力，是这一思潮的主流，从而为军事技术的近代化注入了活力和动力。④

由此可以看出，长期占主导的“崇文”民族气质，是善良、仁

① 中国史学会. 中国近代史资料丛刊·鸦片战争. 上海：神州国光社，1954.

② 杨杭军. 走向近代化. 郑州：中州古籍出版社，2001.

③ 余海岗. 清季尚武思潮研究. 桂林：广西师范大学，2005.

④ 董小林. 近年来关于晚清尚武思潮的研究综述. 军事历史研究，2004（4）：180-184.

义和值得歌颂的，但刺激不起改良现有武器的热情，武器技术难有进展，只能在惯性的驱使下缓慢地发展，够用即可。就枪炮而言，其划一和制式的问题难以被提上议事日程。

第四节　落后的封建制度及海防战略的滞后

明清封建统治者始终将维护皇权统治的稳定作为第一要义，经济或军事技术的发展是其次。这使中国在政治、经济和社会制度等方面没有走上资本主义发展的道路，军事技术革命缺乏必需的政治和经济基础。譬如，清军在战场上仰赖精锐的步骑加大炮的战术。其在水师力量和船炮装备两方面，并未拥有优势，在海洋政策和海疆管理上秉承明朝故技，许多方面甚至更封闭。①

清廷在军事管理上实行以文制武，互相分权，相互牵制的体制，将全国兵权总揽于中央，崇尚八旗部队，防备水陆绿营。这使得主力军绿营官兵待遇低，不利于战斗力的形成、兵器的创新及性能的发挥。这种管理体制使得军队难以协调，亦使得沿海与海上军事力量缺乏全面的规划。国防和海防管理成了联系松散的各地方军事单位的责任。②

明朝火炮制造长期由中央垄断。③清朝制炮除京师外，多在各省督抚所在地，有的设在特定的地点制造。清朝严控火器，造成先进技术不能推广。没有竞争机制，就没有发展新技术的动力。譬如，《钦定大清会典事例》规定了兵器的形制、制造工艺、工价、料价等。尽管这种体制有利于清军火器的制式化、一体化（实际上种类

---

① 李金强，等. 近代中国海防：军事与经济. 香港：香港中国近代史学会，1999.

② 罗伯特. 国家、社区与广东省镇压海盗的行动，1809～1810. 梁敏玲译//国家清史编纂委员会编译组. 清史译丛 · 第 10 辑. 济南：齐鲁书社，2010.

③ 张志军. 论明代允许地方自己制造火铳的时间和地点. 宁夏社会科学，2004（2）：83-86.

还是偏多），适应了当时财政支出制度化的要求，也减少了官员从中舞弊的机会，但却抑制了新式火器的研制和新技术的运用。在这种体制下，新式火器的研制在一开始就因不合规定而被拒绝，新技术、新工艺被排斥，权威的价格又将新因素封杀。[①]

譬如，清军火药制造受官方垄断，采用价格固定的制度，偷工减料现象严重，使得火药制造尚未达到当时社会的技术和工艺已经达到的水平。手工方式生产的火药虽有进步，但与西洋相比仍有差距。

国家海防战略的滞后间接影响火炮类型和制式的统一。清朝军队陆海御侮无力是国家封建制度不能及时转型、经济发展迟缓、科学技术落后以及执行民族歧视政策在军事技术上的一个反映，也是海防与江防"以防备海盗为主"的战略失误所致，更是长期漠视西洋科技发展导致军制变革缓慢的结果。

明清官府放弃水师海外冒险的主要原因：其海洋经济长期居于从属地位，内战又主要是在陆地上的争夺，即使有海战也是近海作战。明清海防战略可概括为：以陆地为中心、重陆轻海，防内而不是防外；防御性的，并且高度地方性的；对入侵的西洋人是以守为战、以逸待劳，诱敌深入、聚而歼之。这种消极的海防战略带有以中央帝国自居、满足于自然经济的生存空间、不愿积极向外拓展的特点。清朝海防方针是"重防其出"，防敌于大陆，制敌于海岛，这是清廷认定海上敌对势力（反清武装与海盗）出自国内，认为沿海地区的商人和渔民都是滋生动乱的分子，必须限制"内盗"出海，断其接济，防患于未然。用陆军对付国内的农民起义，用水师对付海盗、零星的西洋殖民者的骚扰。从数字上讲，清朝有着当时世界上规模较大的常备军，但驻扎过于分散，在很长时间内没有明确的

① 茅海建. 天朝的崩溃：鸦片战争再研究. 修订版. 北京：生活·读书·新知三联书店，2014.

兵种划分，骑兵始终是部队的主干，步兵处于从属地位，炮兵混编在步兵营中。[①]

清朝将八旗置于国家军事体制的核心，以满、蒙兵来控制汉军，以汉军来控制绿营，以绿营来控制绿营水师。[②]但是陆路绿营不是一支纯粹的国防军，而是辅助八旗军，兼有警察、内卫部队、国防军三种职能，其中国防军的色彩较淡，警察的色彩较浓。[③]

至于水师的“防守海口、缉捕海盗”职能，靖内患或有余，御外侮或不足。因此，在鸦片战争中，沿海水师不能担当海防和江防的重任，这显然由清朝的海防战略、建军目的、职能定位、任务规定、布防特点、武器装备以及官兵腐败等造成。

鸦片战争之前近200年中，清廷没有积极与世界市场对接，而是仍然坚持内陆文明中心的观念和“天下独尊”的思想，应付近代世界市场，采取有限控制和全面管制的政策，这就导致了与沿海地方政府、商民的矛盾。[④]

侵华英军对极其重要的扬子江战役做过评论，其实就是对清廷上下保守战略的评判：英军意料清军会利用时空优势，拼死抵抗英军。然而事实证明：清廷的工作效率竟这样低，政治组织竟这么弱，而军事力量更微不足道。譬如，清军虽经历了40多天的时间准备，在镇江与吴淞口之间，不过建立起两座没有多少价值而又无法支持的炮台而已。清廷对英军攻击长江沿线的村镇，显然完全陷入无能为力的地位。清廷对于英军的步步紧逼，为什么不经常提高警惕和

① 麦尼尔. 竞逐富强：公元1000年以来的技术、军事与社会. 倪大昕，杨润殷译. 上海：上海辞书出版社，2013；哈修斯，等. 图解世界战争战法：装备、作战技能和战术 • 东方战争：1200～1860年. 张魁译. 银川：宁夏人民出版社，2010.

② 谢茂发. 清前期江苏江海防体系考略. 军事历史，2015（5）：61-65.

③ 茅海建. 天朝的崩溃：鸦片战争再研究. 修订版. 北京：生活 • 读书 • 新知三联书店，2014.

④ 陈东有. 朝廷与地方的政策与利益——鸦片战争前对外贸易中的清代朝廷与地方关系. 南昌大学学报（人文社会科学版），2014（4）：104-112.

采取可靠的措施呢！①

鸦片战争的失败，使清人上下越来越关注海防。官方认识到军事装备的重要性，修正了“以禁为防”的传统海防思想，改变了“专守于陆”的作战战略。开始重视水师建设，提出了“近岸防御”的海防战略。②战略与对策上的变化，其实并没有对海防产生很大的作用，仅是当时不得已为之。

第五节　清朝兵制落后

至 19 世纪中叶，资本主义制度和经济、文化变革已进行多年的欧洲强国，其战船技术正处于由橡木制的“木质风帆时代”向“蒸汽铁甲舰时代”的过渡期。在海上战争达到顶峰时，英国海军人数曾达 10 余万人，战舰使用了较好的木材，运用了科学的保存方法，还采用了经过改进的船体结构。英国还宣布了“两强标准”，即海军的实力应相当于紧随其后的两个世界海军强国合在一起的实力。“两强标准”成为英国海军政策的核心。③

以英法为代表的欧洲主要国家军队在 17 世纪中叶已进入火器时代。欧洲军事技术的革新在 1840～1864 年这短短的 25 年宣告完成。侵华英军的战力是在滑铁卢战役后几十年相对收缩与下降的状况下维持着。鸦片战争时期，英军船炮技术跟半个世纪前相比缺少质的提高，侵华英军舰队仅是一支以三级帆舰为首，以五、六级舰为主，杂以武装汽船、运输船、运兵船等的杂牌舰队。此在当时欧

① Ouchterlony J. The Chinese War：An Account of All the Operations of the British Forces from the Commencement to the Treaty of Nanking. London：Saunders and Otley，1844.

② 郑坤芳，王玉冲. 嘉道时期海防思想的演进. 江苏师范大学学报（哲学社会科学版），2015（4）：81-83，90.

③ 兰伯特. 风帆时代的海上战争. 郑振清，向静译. 上海：上海人民出版社，2005.

洲或英国海军中，不是最先进的。[①]

舰队使侵华英军力量得以深入中国内陆腹地。英人决心迫使清廷接受对外贸易，包括非法的鸦片贸易。海军对于战争胜利来说可谓至关重要：封锁主要的防线，将部队投送到关键地点，在占领沿海贸易中心的过程中也发挥了作用。清朝没能抵挡住英国风帆战舰。中国帆船虽然体形很大，但却不如西方帆船坚固，而且几乎也没有强大的武器装备。[②]

轮船是利用蒸汽机推动明轮划水、代替人力（划桨）或自然力（风帆）使船前进的早期形式。英军知道清朝水师之弱，没有期望和其在海面进行西方式的“线式”炮战，所遣包括明轮船在内的小型船只的主要任务是对岸作战（如支持陆战队的行动）。[③]小船为求以有限的空间和承载力提供较大的火力，通常都以射程较短的卡隆舰炮和带有长尾杆的金属筒装火箭为主要炮械。明轮船的发明使海战完全改观，不需要倚仗风力或人力，只要有煤炭，就可以高速持续航行。由于吃水浅，能够靠近海岸，并用霰弹来驱散清朝的密集部队，因此其在战争中屡屡作为英军舰队的先锋，为舰队测量水深，侦察敌情。当英军舰队需要进入内河作战时，还可拖拽大型帆舰。英国的舰船和大炮让清人无法承受。[④]

此时期，清廷决策者对外部世界缺乏了解，而且对战争爆发的原因、进程及后果缺乏清晰的判断，因此，一直徘徊于“天朝”对待藩属的“剿与抚”之间，助推了属下对战果的粉饰。在 19 世纪中叶，八旗兵的衰败与封建统治腐朽没落的趋势是一致的。清朝中

---

① 马幼垣. 靖海澄疆：中国近代海军史事新诠. 台北：联经出版事业股份有限公司，2009.

② 布鲁斯，等. 图解世界战争战法：装备、作战技能和战术 • 帝国时代：1776～1914 年. 周桂银译. 银川：宁夏人民出版社，2012.

③ 马幼垣. 靖海澄疆：中国近代海军史事新诠. 台北：联经出版事业股份有限公司，2009.

④ 哈修斯，等. 图解世界战争战法：装备、作战技能和战术 • 东方战争：1200～1860 年. 张魁译. 银川：宁夏人民出版社，2010.

期以后主力军是绿营兵，乾嘉以后便渐渐衰退，原因一是本身发生了腐化，二是上层机构发生了瘫痪，督抚经常不理军政。①

绿营兵役制度的特点是：实行变相的招募制度。政府对于其采取的是“养兵”制度，作为世业的士兵的收入由政府提供，类似于“职业兵”。士兵土著化，而军官则实行流官制。绿营有兵籍，兵籍掌于兵部，饷发于户部。兵权、饷权都掌控于中央。清朝中期以前，绿营尚称精锐，但承平日久，传统兵制的弊端未改变，迅速走向腐化。②

八旗兵的兵器配置较好，火炮质量较优，入关后不久便开始出现战斗力衰退的迹象。国防任务主要由临时集结的水陆绿营兵担当。绿营虽然作为主要军事力量，但受到统治者的防范，火器质量较差。火器质量梯次配置，是出于巩固京师、监视绿营的考虑。但是，这种为确保封建统治而采用的方式，使清军主力绿营在战争中以最次的装备迎敌。③

时至清末，即便洋务运动迈出了近代化第一步，清朝仍是不折不扣的传统封建制度，不能通过高效的社会协作方式将分散的人力、物力、财力资源统一凝聚、有机整合。④清军与西洋侵略军在组织、训练、装备、兵员素质、作战思想等方面存在着巨大的差距，军队体系的实力则差之更远。作战思想背后是制度文化。⑤清军擅长攻防战，坚守沿岸固定的要塞阵地，炮口固定在敌人正面主攻的方向。但是英军在海军炮火支持下，以经过训练的密集队形从侧翼攻击，以便夺取炮台或者突破清方阵线。⑥

---

① 罗尔纲. 绿营兵志. 北京：商务印书馆，2011.

② 赵治国. 清朝绿营兵役制度的特点研究. 前沿，2010（8）：140-143.

③ 茅海建. 天朝的崩溃：鸦片战争再研究. 修订版. 北京：生活·读书·新知三联书店，2014.

④ 范宇亮. 中日甲午战争失败原因新探. 延边：延边大学，2016.

⑤ 杨幸何. 不可忽视的历史记载误差——《清朝柔远记》鸦片战争清军战绩考订. 黑龙江史志，2009（2）：37-38.

⑥ 费正清，刘广京. 剑桥中国晚清史（1800—1911 年）. 中国社会科学院历史研究所编译室译. 2 版. 北京：中国社会科学出版社，2018.

第六节　无工业革命的背景和泥模铸炮法

军事技术的发展与生产力水平密不可分，因为后者是前者的物质前提，这是明清兵器制式落后的技术根源。18 世纪 60 年代开始，欧洲火器生产逐渐过渡到机器大工业生产方式，工业革命引发的技术变革和社会变革，为火器的快速发展创造了条件。

西洋诸国走出中古的黑暗之后，多实行资本主义的生产方式，火器行业具有独立性，炮匠精心设计和制造火器，试图卖一个好价钱，在此基础上，建立了企业竞争机制，以及专利与股份制度，这些促进了兵器技术和工业的发展。英军与私营公司合作，在合作对象和技术选择、产品质量监督等方面有较大主动权，保障了武器数量和质量。①

随着技术与工业革命，西洋制炮工具中的蒸汽锤、碾压机、膛孔机、刨床、钻床等发明和应用，在制炮中作用很大。英国炼铁以焦炭为燃料，使用蒸汽动力的鼓风机强力鼓风，生产质量较好的灰口铸铁。火炮材质与性能的提高一直是矛盾拉锯战的关系，最终导致了彼此的飞跃发展。②

从 18 世纪 50 年代以后，英国等制炮采用了砂模与实心钻膛技术，火炮呈现出“轻型化与形制统一、内外精致、膛壁较薄”的特点（图 14.1）。砂模铸炮效率高，砂模可反复使用，成批铸造同样类型的火炮，为机械加工带来便利。砂模透气性好，免除长时间烘烤，减少铸件气孔、砂眼等缺陷。实心钻膛避免制型芯与固定型芯等工序，消除了范线，表面光滑。

---

① 杜平. 19 世纪后期英国海军部与私营公司的合作. 历史教学（下半月），2012（4）：48-52.

② 华觉明，等编译. 世界冶金发展史. 北京：科学技术文献出版社，1985.

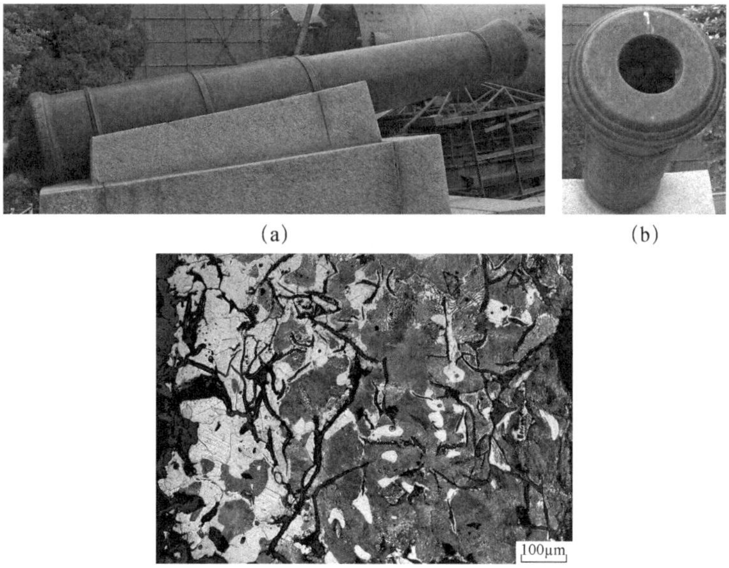

(a)　(b)

(c)

图 14.1　中国人民革命军事博物馆展览英国长管加农炮及尾钮金相图①

套筒炮与来复线相结合，开始了向威力强大的火炮过渡，这是金属特性和弹道学知识增长、技术进步的直接产物，而不是迫于某种特殊需要而产生的。②而晚清单一权威体制下的官僚系统，注重经史子集的学问，产生不了工业革命所需要的知识，同时为了自身的稳定安全，也会压制技术开发和工商活动，垄断资源，使其无从取得实质进展。③

晚明以后，西欧机床技术随着钟表和火炮的制造一度传入中国，但并未改变中国传统机床技术的演化路径，这愈发凸显中西技术传统的差异性。火炮和工业革命的关系极为密切。从结构上说，火炮就是一个单缸内燃机，它是新型动力机器的原型。更重要的是，

① 鸦片战争英军主导型火炮在华遗存。炮口至炮耳 165 厘米，炮口至火门 273 厘米，口内径 16 厘米，口外径 33 厘米，底径 56 厘米。

② 杜普伊. 武器和战争的演变. 李志兴，严瑞池，王建华，等译. 北京：军事科学出版社，1985.

③ 熊秉元. 李约瑟之谜幕前幕后. 读书，2019（7）：3-9.

火炮这种特殊的机械制造诱导了机床工业的技术革新，而近代早期中西在机床工业上的差异是导致差距拉大的关键因素之一。[①]

清朝制炮技术与西洋相比呈现出两大特点：一是制炮工艺少有创新；二是火炮质量差，种类繁多，形制不一。明末以来，中国火器制造技术处于封建的生产方式，只有手工作坊，但西方的大型设备如起重机、重力锤等不断应用。

传统炼铁的鼓风设备为木风箱，采用畜力或水力驱动，造成炉温较低，致使产量低，质量也差。[②]由于铁质差和辅助设备的不到位，清朝铸炮占压倒优势的方法是泥模铸炮，加工采用铁帚、铁锤等工具，动力主要为人力或畜力，火炮游隙值甚至比明末还大。

晚清除闽粤工匠泥模铸炮技术娴熟外，许多省份铸炮没有工匠，即使有一些工匠，他们对泥模铸炮技术，尤其对重型火炮铸造技术生疏，军政大吏多请奏从邻省雇募工匠。泥模铸炮法是从铸钟技术转化而来的，其优点是整体性好。其缺点一是效率低。泥模只能一次使用，一般是一模一炮。二是泥模透气性差。铁炮体积庞大，泥模需要长时间烘干，否则在炽热的铁水浇铸时，铸件内外表面会产生蜂窝、孔洞等缺陷。三是铁水浇铸导致范芯移位，造成铸件不对中现象。四是炮弹也由泥模铸造，表面存在范线，不光滑。

在加工方面，清朝手工生产方式对炮膛的镟铣技术动力不足，再加上以白口铸铁材质为主的铁炮膛得不到精加工，铸造时不对中和内膛砂眼、蜂窝的缺陷常不能消除，这必然影响其质量。

---

① 彭南生，严鹏. 技术演化与中西“大分流”——重工业角度的重新审视. 中国经济史研究，2012（3）：95-103.

② 北京钢铁学院《中国冶金简史》编写小组. 中国冶金简史. 北京：科学出版社，1978.

第七节　财力不足

从世界地理大发现以来，国际贸易是强国发展经济的必经之路。而明清两朝因国家地缘政治重心的转移，忽视了大航海时代的机遇，固守陆上经济发展模式，发展兵器业的费用筹集一直艰难，晚清败于财大气粗且掠夺成性的西洋侵略军。

枪炮等武器由研发部门设计，由战场主体驾驭，二者相互作用，才会使兵器呈现出威力。这需要一定的经济基础和科技条件作为支撑。经济基础和科技条件又与国家制度政策关系密切。

明朝政府改官私外贸并存为官府垄断之时，正是世界历史由中古向近代社会转换之时，即封建制度向资本主义制度过渡时期。私人海外贸易在万历末年急剧衰落，逐渐被西方殖民者压倒。此时尽管有大量物美价廉的商品出口，但贸易利润多被外国居间商人赚取，从而极大地减少了私人海商的资本积累和国内财富的增值。①清廷海外贸易决策首先考虑维护封建专制统治，其次是财政的必需和扩大王朝政治影响，最后才是百姓的生计。②

兵器价格与市场没有对接，兵器创制的主体缺乏积极性，按部就班、得过且过成为常态。而作为驾驭兵器的主体——国家主力军绿营官兵的待遇低。清中叶以后，随着经济状况的不断恶化，他们的经济社会地位更是每况愈下。③

鸦片战争以后，清廷的财政情况发生了重大变化。御侮战争的失败和内部矛盾，导致其财政危机不断加深。为了改善财政状况，清廷先后采取了增加旧税、创设新税、举借内外债等措施。④因受

① 李绍强. 论明清时期的造船与外贸. 东方论坛，2001（1）：62-66.

② 陈尚胜. 清朝前期与英国海外贸易政策的初步比较. 海交史研究，2010（1）：66-73.

③ 皮明勇. 晚清军人的经济状况初探. 近代史研究，1995（1）：14-35.

④ 朱培灵. 鸦片战争前后清政府的财政状况. 北方经贸，2015（8）：116-118.

制于落后的工业水准而选择了向西方购买武器的发展道路，进一步加大了财政压力。紊乱的财政体系无法整合全国财政资源以支持军事建设，政府对各省的阳奉阴违无可奈何，财政经费的拮据从根本上制约了军事技术的进展。①

太平天国运动中，湘军和淮军兴起，其营制战法不同于绿营。清末虽有新式海军创建，但经济与科技的整体落后，使得自制庞杂的兵器始终占主流，外购与仿制的西洋兵器起辅助作用。而且熟练掌握西洋兵器需要过程，故中西混杂的兵器在战场上很难发挥威力。

从明末至清末，西洋诸殖民强国强加给国人的印象是“船坚炮利”，而中国军队的御侮武器呈“船不坚炮不利、万国牌”的状况。究其原因，主要包括技术和社会两大方面。在技术方面，缺乏科学和技术革新的工业革命背景，长期使用泥模铸炮法。在社会方面，缺乏量化思维的自然观以及火器理论落后，明清军事技术之间矛盾拉锯战关系不突出使提升动力不足，“崇文”氛围，长期落后的封建制度以及国家海防战略滞后，清朝兵制落后，晚清发展兵器财力不足。西洋诸殖民强国武器技术突飞猛进的因素是工业革命的发生，更兼一些有利的社会因素的辅助，兵器和制式容易划一。

① 肖滨，王劲嵛. 缺乏政治变革的图强为何难以成功——以晚清海军建设（1875～1895）为例. 探索与争鸣，2015（5）：83-88.

结　　语

生产工具的威力有时在军事战场上首先体现，尔后迅速向民间民用方面扩散。在13～19世纪，火炮是陆海战场上杀敌与制胜的利器，是中国在冷兵器发展到顶峰后发明的。然而，当时冶炼、鼓风、铸造等技术的落后，使火炮体大，形制粗陋，性能有限，东西方军事家一直设法改进其机动性等方面。当时众多炮型和陆海战术的出现，多与此密切相关。在15世纪以后，中国火器发展的势头逐渐被西方反超。至鸦片战争时，中国火炮机动性有改进，这从红夷炮、子母炮、冲天炮、抬炮以及众多炮架形制中都可看出，但由于缺乏自然科学理论的支撑以及国力弱，技术与性能提高幅度不大，陆海战术落后。当时的世界大背景是西方诸殖民强国鱼肉其他弱势国家，清军与西洋侵略军对战多是一败涂地。中国近代化的起步始于西洋“船坚炮利”的逼迫。鉴往以知今，对此历史的探析，既是对中国以往军事文化的回忆，也是对当今军事兵器发展动力的反思。

在中国旅游市场中，位于中国沿海沿河要处的古炮台、古城墙以及建于此的博物馆也起了重要作用，而附属于此的中国古枪炮文物夺人眼球与发人深思。笔者立足于中西原始文献，对古炮台、古城墙以及众多博物馆做了调研，间或利用了遗存在国外的一些枪炮资源，发挥以往研究枪炮材质金相的优势，研究了古枪炮兵器，希望能对厘清中国古炮的发展脉络起一些作用，也期望能对大众认知中国古枪炮起一些作用。

晚明是国人对以荷兰为代表的“船坚炮利”的欧洲印象的源头所在，至鸦片战争爆发，西洋“船坚炮利”已成为清朝官方上下广泛使用、语意约定俗成的词语。这里的“船坚炮利”与否，中西火炮“类型”的迥异自然包括在内。13 世纪末中国把火炮用于战争后，没有按用途进行划一乃至制式。至明清时期，通常是将轻炮配置在水师战船或城墙上，重炮配置在江海附近的炮台上。清朝火器制造分中央和地方两种。至嘉庆朝以后，沿海省份制造的火器逐步增多。道光朝以后，地方政府自行组织造炮。清军枪炮配置往往不能划一和做制式处理，以广东省为例，炮名有 30 多种，这不利于士兵掌握与使用，影响性能的发挥，当时购买的洋炮也是如此。清廷出于巩固京营、监视绿营的考虑，对火器实行梯次配置。如此的建军目的、任务规定、布防特点、武器装备以及腐败状况，使得主力部队在战争中以落后的装备被动迎敌。至洋务运动时期，淮军的军事技术发展趋势代表了晚清军事近代化的历程。淮军设立了洋枪队和洋炮队，是中国炮兵制度的发轫。

13～19 世纪，中西火炮材质经历了铜—铁—钢等的发展历程。至 19 世纪中叶，清朝铁炮材质以白口铸铁为主。15～16 世纪出现了后装滑膛佛郎机炮、前装滑膛加农炮，19 世纪有英式线膛阿炮。以上种种变化主要是由制炮技术的逐渐完善、材质性能的日益提高决定的。中国炮制变化遵循了上述发展过程，但主要是在西洋的逼迫下亦步亦趋地进行着。炮制的异同自然导致火炮类型的差异。至鸦片战争时，中英铁炮材质主要为铸铁，但清军铁炮以白口铸铁为主，英军铁炮以灰口铸铁为主。在灰口铸铁组织的石墨形态上，清军铁炮为片状石墨；英军部分铁炮除片状石墨外，还有菊花状石墨。由于蒸汽机技术和工业革命，西洋军事技术领域快速发展，英军铁炮铸造及加工技术优于清军。中英铁炮性能不同是影响鸦片战争等胜负的因素之一。

清军师船装备与明朝戚家军抗倭时的福船相比不相上下，只是用红夷炮替代了大发熕与佛郎机炮。龚振麟参考英军卡隆炮式样铸造铁模炮，炮架也吸取了英军卡隆炮型机动性强的优点，铸炮效率提高而非性能优越。因为从炮身材质来看，白口铸铁的脆性使其性能下降。清朝很多小型洋炮是当时商船的护货炮。

炮制的异同直接决定了炮弹种类。在 19 世纪中叶，清朝炮弹生产也分中央和地方制造两种。中西炮弹以球形实心铁弹为主。清军生铁弹分类少，技术关键之处改良缓慢，主要采用泥模铸造，常造成“弹不圆正”。从材质看，分石弹、铜弹、生铁弹、熟铁弹和铅包铁弹等。从外形看，分圆球形和长体形两种。从性能看，分实心和空心爆炸弹两种。

晚清军队拥有不少子母炮及抬炮。从康熙至乾嘉时期，子母炮广泛布防，此炮型一直沿用至清末。清朝抬炮使用时需扛抬以行，故此得名。沪局生产抬枪、抬炮、枪弹、炮弹等多种产品。在中日甲午战争中，宁局生产的后装抬炮显示了威力。

冲天炮体现国人对西洋“炮利”的认识，是木质风帆时代的制胜武器之一，适合于近距离、逾越障碍的炮击，与当时主战用的直射红夷巨炮相比，重量不算很大，由青铜或生铁铸造，发射双点法爆炸弹。爆炸弹的缺点是只能使用短管炮发射，不能打击远距离目标，再加上成本和使用安全性等原因，不曾动摇球形实心铁弹在战场上的统治地位。

至于炮用火药方面，从局部来看，清军受落后的火器和火药理论的制约。火药质量的优劣取决于硝、硫、炭原料的纯度、配比等。中国火药造粒始于 16 世纪明朝戚继光治军时期。中西火药的区别在于火药生产是否有专门的研究机构、加工的精细度和规模、管理制度等。19 世纪中叶的中西战争主要是在中国沿海地区，气候比较潮湿。火药含硝量偏高，极易吸湿转潮，储存不方便，有时随用随造。闽粤改进了炮用火药的一些配方，且用于实战。

19 世纪中叶，清军使用了明清长期沿用的纸质基体火龙箭、一窝蜂等火箭用于补充作战，火箭用手工方式制成，靠弓弩等工具发射，在对西洋侵略军的斗争中起到了一些作用。这一时期侵华的欧洲军队使用了康格里夫发明的金属筒装火箭，与中国传统火箭相比技高一筹，这是侵略军取胜的因素之一。不过，康格里夫火箭的威力也有限，总体来看仅是对枪炮性能的补充。技术决定战术，战术会对战争结局产生影响，火箭的使用对战术的完善也有一些影响。随后，由于线膛火炮和火枪技术性能的提高，火箭逐渐退出历史舞台。火箭技术的兴衰史表明：技术的发展、超越与替代有其规律。火箭在某一阶段发挥作用，是基于这一阶段枪炮常规火器的不足。

洋务运动时期兴办了多家兵工厂局，采用衙门式的管理模式，耗用巨资，依靠外购和仿制，初步形成了近代中国兵器工业的基础。沪局建立了翻译馆，仿制英式线膛阿炮等。仿制西洋火炮的一般技术路线是：买炮，拆解，制配。

鸦片战争前后中国枪炮类型“万国牌”的状况说明以下几点。

（1）技术的发展和生产力发展水平、国家传统和技术积淀密不可分。

（2）中国虽是枪炮技术的发明国，但后来被西洋反超。这说明技术产生与传播具有波浪式前进与螺旋式上升的特点，超越、取代是发展的规律。在鸦片战争时期，龚振麟等统筹各种力量，发挥群体智慧，发明了不俗的铁模铸炮技术，使中国制炮技术向前推进了一步，这也是中国铸炮史上的一个亮点。这说明当时中国上下经过战争的残酷历练，“战则渐振、自立自强”逐渐成为兵器发展的潮流。对其评价，也须从世界铸炮史的角度来看，方法虽然创新，但产品质量仍然逊色于西洋火炮。因此，发展中的各种偶然性归根到底仍然是经济的必然性。

（3）中国枪炮技术和陆海战术的发展，反映了作战方法取决于人员素质和武器性能。中国传统思维上的滞后应是自明末至晚清中国军队战术及训练水平落后的一个关键原因。缺乏科学和技术革新的工业革命背景，长期使用泥模铸炮法，封建制度和“崇文”氛围等，导致了炮型长期不能划一。

（4）发展需知行统一，技术和国运相辅相成，顶层设计至关重要，广大民众的创造智慧可贵。

后　记

江海古炮台、古城墙等遗存是物质史研究的重要起点和中国军事文化的具体体现。同时，当地文化的构建与弘扬、城市品牌的塑造与提升，也需要借助其影响向外拓展，实现共存、共赢与共荣。时至今日，民众旅游和军事文化探寻的热情激发，这些古炮台、古城墙、纪念馆或博物馆是游客观光的对象，这些地点遗存的中西古炮甚多，亟需相关研究。

20 余年来，资质平平的我执着于明清海防的相关课题研究，此选题过窄、过冷，但我乐此不疲，小有斩获。我得到了国家社会科学基金、鸦片战争博物馆、厦门胡里山炮台保护中心、河南省教育厅社科处、澳门科技大学社会和文化研究所等的一些资金资助，出版过几本著作，调研了国内百余个博物馆、纪念馆、古炮台、古城墙等单位，浏览了明清古炮千余门，西洋炮四百余门。如此大规模的调研和成果的发表，得到了《自然辩证法通讯》《历史教学》等编辑部、老师、同学、同行、朋友等的帮助。糅合了博物馆和高校不同学术背景的仁人志士的智慧，对火炮类型的纵深研究顺利进行，迄今基本搞清了中西古炮的发展脉络、类型大观和材质概况。希望本书能对相关军事类博物馆或古炮台等的文物保护、研究、展览与宣传有所裨益。

“岁月欺人如此去，堂堂。一事无成两鬓霜。”多年来埋首史料与江海走访，不觉已近二十八载，其间与史料、书籍、键盘和各地调研为伴的学海生涯，常有难与人言、甘苦自知、百感交集的感慨。

当然，学无止境，中国火炮史是个很大、很有意义的课题，我所做的仅仅起抛砖引玉的作用，希望中国火器史界的同行能推出更有真知灼见的论著，以求把中国军事文化的研究更进一步。

写完简短的后记，惊觉今日适逢自己53岁生日。此时占据我思绪的是家人长期没有回报而无怨无悔的支持，对母亲的怀念，以及不能照顾86岁高龄父亲的愧疚。想到他们的含辛茹苦，尤其生我养我的母亲，而我因天人相隔而无由报答的无奈，以及众兄弟姐妹恰好在父亲身旁担当赡养的辛苦，不禁思绪万千，泪湿满襟，喜从悲来。

刘鸿亮

于河南科技大学德园

2022年5月